KB166841

인민이란 무엇인가

Qu'est-ce qu'un peuple?
by A. Badiou, P. Bourdieu, J. Butler, G. Didi-Huberman, S. Khiari, J. Rancière

컨템포러리 총서

인민이란 무엇인가

알랭 바디우 외 지음
서용순, 임옥희, 주형일 옮김

현실문화

일러두기

- 이 책은 Qu'est-ce qu'un peuple?, La Fabrique, 2013을 완역한 것이다. 그러나 주디스 버틀러의 글은 저작권자가 제공한 영어 원문을 번역대본으로 삼았다. 알랭 바디우와 자크 랑시에르의 글은 서용순이, 피에르 부르디외와 조르주 디디 위베르만, 사드리 키아리의 글은 주형일이, 주디스 버틀러의 글은 임옥희가 맡아 번역했다.
- 원문의 이탤릭 강조는 굵은글씨로, 큰따옴표와 대문자 표기는 작은따옴표로 옮겼다.
- 본문의 각주 중 내용의 이해를 돕기 위해 옮긴이가 추가한 것에는 각 각주의 시작 부분에 [옮긴이]라고 표기했다.
- 원문의 이해를 돕기 위해 새롭게 도판을 삽입했으며, 이에 대한 책임은 출판사에 있다.

차례

"어린아이는 인민의 대변자이다. 아니, 그게 아니다. 어린아이는 변형되기 이전, 자신의 타고난 진실 안에서 저속함 없는 인민, 인민 그 자체이다." 미슐레의 이 말은 비웃음을 살 수 있지만, 우리가 인민적인 것(언어) 또는 포퓰리즘적인 것(담론)에 대해 말할 때, 거기에는 일종의 의심과 혐오가 있지 않은가?

이 책은 어떤 염려에 의해 기획되었다. 인민이라는 말이 돌이킬 수 없이 질서의 유지에 봉사하기 위해 그 의미가 변화되고 있는 공화국 또는 세속성이라는 어구들과 조우하는 것을 보며 일어나는 염려 말이다. 여기에 모인 이 텍스트들은 저마다 다른 상황에서 쓴 것들이지만, 공통적으로 무엇이 **인민을** 해방의 편에 튼튼하게 뿌리박지 못하게 하는지 보여주고 있다.

'인민'이라는 말의 쓰임에 대한 스물네 개의 노트

알랭 바디우

알랭 바디우 Alain Badiou

1937년 모로코 태생으로, 프랑스를 대표하는 참여 지식인이자 좌파 철학자이다. 처음에는 사르트르주의자였으나 고등사범학교ENS 시절 알튀세르를 만나 제자가 되며, 동시에 라캉에게서도 지적 자극을 받는다. 랭스 고등학교에서 철학을 가르치다가 프랑수아 레뇨를 만나, 마르크스주의에 바탕을 둔 구조주의(알튀세르)와 혁신적 정신분석(라캉)을 접목한 잡지《분석을 위한 노트》편집진에 참여한다. 이 잡지에 참여한 장클로드 밀네, 자크알랭 밀레 등의 지식인들처럼 바디우 역시 68혁명 당시 중요한 역할을 한 마오주의 운동에 투신한다. 파리8대학과 고등사범학교 교수를 지냈다.

바디우는 탈현대에서 근거를 부정당한 주체, 진리, 세계에 대한 재정초를 시도하고 1980년대부터 본격적인 철학 저술을 시작한다.『주체 이론』(1982)은 명백히 라캉의 주체 개념에서 영향받은 저술이며, 1988년에 발표한 주저『존재와 사건』(1988)은 전통적 존재론에서 벗어나 수학적 존재론을 확립하고, 여기에 주체를 관통하며 주체에 의해 선언되는 사건을 연결한다. 그 밖에『철학을 위한 선언』(1989),『사도 바울』(1998),『세계의 논리들 — 존재와 사건2』(2006),『사랑 예찬』(2011) 등의 철학서와 다양한 정치 팸플릿 및 시론을 발표했으며, 여러 편의 소설과 희곡도 썼다. 바디우의 일관된 화두는 '과학에 근거를 두는 혁명적 해방의 사유'이며, 1985년 프랑스 코뮌주의자연맹을 잇는 포스트레닌-마오주의 단체인 '정치조직'을 창설해 활동하는 등 여전히 정치 참여도 멈추지 않고 있다. 현재 그는『존재와 사건』의 제3권인『진리들의 내재성』을 집필하고 있는데, 여기서는 진리의 관점에서 존재와 외현의 문제를 다룰 예정이다. 이외에도『바디우와 지젝 현재의 철학을 말하다』(공저) 등을 집필했다.

1. 설령 우리가 프랑스 대혁명 초기의 "우리는 인민의 의지에 의해 여기에 있다"는 슬로건을 높이 평가할 수밖에 없다 하더라도, '인민'이란 그 자체로 진보적인 명사가 전혀 아니라는 것을 인정해야 한다. 멜랑숑[1]이 "인민에게 활동 무대를!"이라는 슬로건을 내걸 때, 그것은 오늘날 단지 읽어내기 힘든 수사에 불과하다. 마찬가지로, '인민(민족, Volk)'이라는 말을 나치가 이용했을 때 그런 경향을 보였다고 해도, 우리는 '인민'이 파시스트적인 용어도 아니라는 점을 역시 인정해야 한다. 사람들이 도처에서 마린 르펜[2]의 '포퓰리즘'을 비난할 때, 그것은 불명료함을 그대로 유지하는 것에 불과했다. 진실을 말하면 '인민'은 정치적 용어 목록에 실린 다른 많은 말들과 마찬가지로 오늘날 중립적인 용어이다. 모든 것은 맥락의 문제다. 그러므로 우리는 그것을 더 자세

---

1 [옮긴이] 장뤼크 멜랑숑 (Jean-Luc Mélenchon, 1951~)은 프랑스의 정치인이다. 2009년부터 프랑스 좌파당의 당대표이다. 2008년 사회당을 탈당해 좌파전선을 형성하고 2012년 프랑스 대통령 선거에서 좌파전선 연대후보로 출마해 11퍼센트의 지지를 얻어 4위를 차지했다.

2 [옮긴이] 마린 르펜(Marine Le Pen, 1968~)은 프랑스 극우 민족주의자인 장-마리 르펜의 막내딸로, 그의 뒤를 이어 국민전선의 총재를 맡고 있다. 반이민, 반이슬람을 프랑스적 가치의 수호를 위한 중심 의제들로 내세웠다.

자크 루이 다비드, 〈죄드폼의 서약〉(1791). "우리는 인민의 의지에 의해 여기에 있다. 프랑스를 위한 헌법을 제정하기 전에는 절대로 해산하지 않겠다"는 일명 '테니스 코트의 서약'은 프랑스혁명의 도화선이 되었다.

히 검토해야 할 것이다.

2. '인민의populaire'라는 형용사는 더 많은 의미를 내포하고 있고, 더 적극적이다. 이 형용사가 명사를 정치화하고, 억압과의 단절과 새로운 집단적 삶의 서광을 결합하는 아우라를 명사에 부여하는 것을 목표로 한다는 점을 확인하기 위해서는, '인민 위원회', '대중 운동', '인민 재판', '인민 전선', '인민 권력' 그리고 심지어는 국가적인 수준에서, '인민 해방군'은 물론 '인민 민주주의' 등과 같은 표현들이 말하고자 하는 것을 보기만 하면 된다. 확실히 어떤 가수 또는 어떤 정치인이 '대중적 populaire'이라는 것[인기 있다는 것]은 어떤 가치도 없는 통계상의 지표에 불과하다. 그러나 어떤 운동 또는 봉기가 대중적이라는 것은 어쨌든 그런 에피소드를 해방이 문제가 되는 역사의 영역에 속하게 한다.

3. 반대로, 형용사가 따라붙는, 특히 정체성이나 민족을 표시하는 형용사가 따라붙는 '인민'이라는 말을 믿어서는 안 된다.

4. '베트남 인민의 영웅적인 해방 전쟁'이라는 말이 정당하고 정치적으로 긍정적일 수밖에 없다는 것을 우리는 확실하게 알고 있다. 흔히 '해방'은 식민지적 탄압의 맥락에서, 더 나아가 용납할 수 없는 외세의 침략이라는 맥락에서, 그 말을 특수하게 만드는 형용사가 따라붙는 '인민'이라는 말에 부인할 수 없는 해방의 외양을 부여한다. 그리고 그

것이 '인종'이나 '야만'에 속해 있지 않으면, 제국주의적이고 식민적인 진영에서는 '미개인peuplade', '민족[종족]ethnies', '부족tribus' 등에 대해 말하기를 선호하기 때문에 더욱 그러하다. '인민'이라는 말은 오로지 정복 자체를 통해 찬양받는, 힘 있는 정복자들에게만 어울리는 것이다. 말하자면 '프랑스 인민', '영국 인민' 등은 어울리지만, 알제리 또는 베트남 인민은 어울리지 않는다! 또한 오늘날에도 이스라엘 정부에게 '팔레스타인 인민'은 더더욱 그러하다! 민족해방전쟁의 시대는 '국민[을 지칭하는] 형용사 + 인민'이라는 표현을 승인했다. 그것은 '인민'이라는 말에 식민지 사람들의 권리 — 종종 무장투쟁을 주장하는 — 를 부과함으로써 이루어졌다. 자신만이 '진정한' 인민이라고 생각하는 식민주의자들은 그들에게 그 말을 적용할 것을 거부하고 있었다.

5. 그러나 해방의 폭력적인 과정을 제외하면, 금지된 말을 전유하는 운동을 제외하면, '국민 형용사 + 인민'은 어떤 가치가 있는가? 별 가치가 없다고 고백해야 한다. 그리고 무엇보다도 지금이 그러하다. 왜냐하면 바로 지금, 마르크스의 강한 선고가 보여주는 진리가 부과되기 때문이다. 마르크스가 보기에 결정적인 그 선고, 강하지만 잊혀진 그 선고는 다음과 같다. "프롤레타리아트에게는 조국이 없다."[3] 그들이 언

3 [옮긴이] 「공산주의당 선언」, 『칼 맑스 프리드리히 엥겔스 저작 선집 1』, 박종철출판사, 1991, 418쪽 참조.

제나 유목민이었던 것처럼 — 그들이 자본의 공장에 편입되기 위해서는 영주의 경작지와 농민의 가난에서 빠져나와야 했기에 — 프롤레타리아는 지금 그 어느 때보다도 유목민이기 때문에 그들에게는 더더욱 조국이 없다. 농촌에서 도시까지, 그뿐만 아니라 아프리카와 아시아에서 유럽과 아메리카에 이르기까지, 더 나아가 카메룬에서 상하이까지 또는 필리핀에서 브라질까지, 프롤레타리아트에게 조국이란 없다. 도대체 그들이 어떤 '국민 형용사 + 인민'에 속한단 말인가? 오늘날이야말로 노동자는 국제주의의 살아 있는 몸이다. 마르크스가 제1차 공산주의 인터내셔널[4]을 창설함으로써 계급 생성의 위대한 예언자가 되었던 그 당시보다 오늘날이 더 그러하다. 국제주의는 공산주의의 주체화된 몸으로 이해된 '프롤레타리아트'와 같은 무언가가 실존할 수 있는 유일한 영토인 것이다.

6. '프랑스 인민'과 같은 유형의 표현들, '인민'이란 말이 정체성에 의해 봉인된 다른 문구들은 그것이 가진 반동적인 운명에 내맡겨져야 한다. 거기서 실제로 '프랑스 인민'은 단지 '국가가 스스로를 프랑스인

---

4 [옮긴이] 제1인터내셔널은 1864년 9월 28일 영국 런던에서 결성된 최초의 국제적 노동운동 조직으로, 정식명칭은 국제노동자협회다. 1863년 폴란드 봉기 탄압에 항의하는 집회를 계기로 결성되었으며, 다양한 조직들의 사상적 유대를 통해 유럽에 널리 퍼지며 노동자 계급운동의 기초를 닦았다. 1871년 파리코뮌 실패 후 쇠퇴해 1876년 7월에 해산했다.

이라고 말할 권리를 부여한 사람들로 이루어진 무기력한 전체'를 의미할 뿐이다. 이러한 조합은 정체성[의 수립]이 사실상 진행 중인 정치적 과정인 경우에만 받아들여져야 할 것이다. 알제리 전쟁 동안의 '알제리 인민' 또는 옌안의 공산주의 거점에서 표명된 '중국 인민'과 같은 표현 말이다. 이런 경우 주목해야 할 점은 어떤 '형용사 + 인민'이 다른 '형용사 + 인민', 식민지 군대를 뒷배 삼아 반란자들에게 이 '인민'이라는 말에 대한 모든 권리를 금지할 것을 주장하거나 반동적인 국가의 군대를 가지고 '반反국가적인' 불순분자들을 절멸시키고자 하는 '형용사 + 인민'과 맹렬하게 대립하면서만 그 실재를 얻어낼 수 있다는 것이다.

7. 그러므로 '형용사 + 인민'은 국가의 무기력한 범주(오늘날 각양각색의 정치가들이 지껄이는 '프랑스 인민'처럼)이거나, 이른바 민족 해방의 상황과 결합된 전쟁과 정치적 과정의 범주이다.

8. 특히 의회 민주주의 안에서 '인민'은 실제로 국가의 법과 관련된 범주가 되었다. 미미한 인간 존재의 집단으로 구성된 '인민'은 투표라는 정치적 허상을 통해 당선자에게 정당성이라는 허구를 부여한다. 그것이 '인민 주권', 더 정확하게는 '프랑스 인민'의 주권이다. 만약 루소에게 주권이 여전히 실제적이고 활기찬 인민 회중assemblée — 루소는 영국의 의회주의를 사기로 간주했다는 점을 상기하자 — 의 주권이라면, 무기력하고 원자화된 다수 의견의 주권으로서의 이 [프랑스 인민의] 주권은

오늘날 명백하게 진정한 정치적 주체를 전혀 이루어내지 못한다. 대의제 절차의 법률적 준거물로서의 '인민'은 단지 국가가 지속적으로 존재할 수 있고, 존재해야 한다는 것만을 의미한다.

9. 사람들은 어떤 존재냐고 물을 것이다. 여기서는 상세한 설명 없이 주장하고자 한다. 오늘의 국가가 갖는 실재는 절대로 투표가 아니라 자본이 필요로 하는 것과 그 필요가 항상적으로 요구하는 반反인민적 조치들(내친 김에 '인민의populaire'라는 형용사는 확실히 긴장된 가치들을 파생시킨다는 점을 강조하자)에 바쳐지는 최상의 충성에서 비롯된다. 그리고 이는 점점 더 공공연해지고 있고, 점점 더 뻔뻔스러워지고 있다. 그것을 통해 우리의 '민주적인' 정부는 그들이 대표하고 있다고 주장하는 인민을 필경 자본주의화된 실체로 만든다. 만약 당신이 그것을 믿지 않는다면, 토마스 아퀴나스처럼 당신이 보는 것만을 믿는다면, 프랑수아 올랑드[5]를 보라.

10. 그러나 '인민'은 '인민의'라는 형용사의 진보적 미덕에 잠재된

5 [옮긴이] 프랑수아 올랑드(François Holland, 1954~)는 프랑스의 정치인이다. 프랑스 사회당의 제1서기였으며, 2012년 제24대 프랑스 대통령에 당선되었다. 선거기간 동안 고소득자·대기업·금융권에 대한 증세를 핵심공약으로 내세웠고, 이민자 문제에 대해서는 관대한 정책을 펴겠다며 지지를 호소했다. 경기부양과 성장을 내걸었으나 경제상황이 악화되자 고강도 긴축재정으로 돌아섰고, 이에 따라 올랑드와 사회당의 지지율은 폭락했다.

실재일 수 있지 않을까? '인민 회중'은 국가를 지칭하는 형용사들과 주권의 '민주주의적인' 사법적 관리로 덧씌워진 인민과는 다른 의미에서, '인민'에 대한 일종의 재현이 아닐까?

11. 다시 민족해방전쟁의 예를 들어보자. 이 맥락에서 '베트남 인민'은 실제로 국가를 가짐으로써만 세계의 무대에서 실존할 수 있는 국민의 준거이기를 거부당한 인민이 실존한다는 것을 의미한다. 그러므로 '인민'이 정치적 과정의 명명에 참여할 수 있고, 그에 따라 정치적 범주가 될 수 있는 것은 바로 **국가의 비실존에 대한 반작용 안에서**이다. 문제가 되는 국가가 구축되고, 합법화되고, '국제 사회' 안에 기입되자마자 그 국가가 준거하는 '인민'은 정치적 주체가 되기를 그친다. 보편적인 방식으로 그리고 국가 형식이 무엇이건 간에 인민은 국가가 형성해내는 수동적인 전체이다.

12. 그러나 '인민'이 이러한 수동적 군중 안에서 독특성을 나타낼 수 없을까? 예를 들어 1936년 6월[6] 또는 1968년 5월의 위대한 점거 파

6 [옮긴이] 1936년 4월 프랑스에서 공산당과 사회당, 급진당이 연합한 인민전선이 선거에서 승리한 후 5월 말부터 금속노동조합을 중심으로 총파업이 일어나 전국의 모든 분야로 확산된다. 6월에는 프랑스 전체 노동자의 4분의 1인 200만 명이 파업에 참가했는데, 파업 가운데 4분의 3은 점거 파업이었다. 이 파업을 계기로 주 40시간 노동제, 2주 유급휴가제 등이 처음으로 도입되었다.

1936년 6월 파업 당시의 축제와 같은 분위기를 표지에 실은 잡지 《세계의 거울(Miroir du Monde)》 6월호.

1968년 프랑스 학생과 노동자 들의 총파업 시위 장면.

업을 생각한다면, 인민 — 노동자 인민 — 이 거기서 '프랑스 인민'이라는 표현으로 지칭되는 태생적 무기력에 대한 일종의 내재적 예외로 나타난다고 말해야 하지 않을까? 그렇다. 그렇게 말할 수 있고, 그렇게 말해야 한다. 이미 스파르타쿠스와 반란을 일으킨 그의 동료들, 투생 루베르튀르[7]와 그의 흑인, 백인 친구들이 고대 로마 또는 식민지 아이티 섬에서 진정한 인민을 형성configurer해냈다고 말해야 한다.

13. 반박도 있겠지만, 국민을 지칭하는 형용사의 영향을 받은 '인민'이란 말이 갖는 해로운 무기력조차도 국적과 법에 묶인 이 '인민'에 내적인 돌발을 통해 전복될 수 있다. '아랍의 봄'의 가장 강렬한 순간에 이집트의 타흐리르 광장에 운집한 사람들이 '우리는 이집트 인민이다'라고 단언했을 때 그들이 말하고자 했던 것은 무엇이었는가? 그들의 운동, 그들의 고유한 통일성, 그들의 슬로건은 기존에 있던 그들의 국민적 무기력에서 벗어난 이집트 인민, 국민을 지칭하는 형용사를 능동적으로 요구할 권리를 갖는 이집트 인민을 형성시킨다는 것이다. **왜냐하면 그들이 말하는 국민은 여전히 도래해야 할 것이기 때문**이고,

---

7 [옮긴이] 투생 루베르튀르(Toussaint Louverture, 1743~1803)는 흑인 노예 출신의 아이티 독립운동가이자 흑인해방 지도자이다. 1790년 이래 노예해방운동을 지도하며 영국과 프랑스에 맞서 싸웠다. 1799년 아이티가 내란 상태에 빠지자 혁명적 통일정부를 수립하고 스스로 총독이 되어 섬을 지배했다. 본명은 투생 브래다이며, 루베르튀르는 '틈새'라는 뜻의 예명이다.

거대한 정치 운동의 역동적인 형식 아래에서만 실존하기 때문이며, 이 운동에 맞서 이집트를 대표한다고 단언하는 국가는 불법적이고 사라져야 하기 때문이다.

14. 정치적 결정이 광장에 모인, **그 자리에** 모인 새로운 인민의 수중에 있는 이상, 여기서 인민은 기존 국가의 소멸, 그것을 넘어 국가 그 자체의 소멸을 함축하는 의미를 갖는다는 점을 알 수 있다. 언제나, 광범위한 대중 운동 안에서 확인되는 것은 마르크스가 모든 혁명적 정치의 지상 목표로 삼았던 국가 소멸의 잠재적인 필연성이다.

15. 어쨌든 국가의 정당성이라는 법적인 간접 수단으로 인민의 국가적 무기력에 형태를 부여하는 선거 과정을 통한 다수의 **재현**[대표] 대신에, 또한 절반은 타협으로 이루어지고 절반은 강제로 이루어지는 전제적 권위에 대한 **복종** 대신에, 우리에게는 전례 없는 정치적 방향 설정에 따라 '인민'이라는 말을 북돋우는 소수의 [투사적] **분견대**가 있다는 사실에 주목하자. '인민'은 민족해방투쟁과는 전혀 다른 맥락에서 새롭게 정치적 과정의 주체를 나타낼 수 있다. 그러나 그것은 언제나, 인민을 **대표한다고** 선언하는 것이 아니라 자기 자신의 무기력을 파괴하고 정치적인 새로움의 몸을 이루는 것으로서의 인민**이라고 선언하는** 소수의 형식 아래에서이다.

16. 소수 분견대는 자신의 고유한 일관성을 넘어, 새로운 정치의 몸이 되도록 하는 적은 숫자를 넘어, 수많은 경로와 행동을 통해 살아 있는 인민 대중과 항상 결속되는 한에서만 그들의 선언(우리는 인민, 진정한 인민이다)을 내세울 수 있다는 점에 유의해야 한다. 지난 20세기에 '공산당'이라고 명명된 특수하고 전문적인 이 분견대에 대해 말하면서, 마오쩌둥은 공산당의 정당성이 언제나 그가 '대중과의 결속'이라고 칭했던 것에 달려 있다고 지적했다. 그가 보기에 그러한 대중과의 결속은 정치의 가능한 실재에 있어 알파와 오메가였다. 내재적 예외, 적극적인 분견대라는 의미로 파악된 인민에 다름 아닌 그 내재적 예외가 진정한 인민의 잠정적인 몸(집체, corps)이라는 주장을 지속적으로 뒷받침하는 것은 오로지 그 주장이 광범위한 대중 속에서 유효한 것으로 즉시 인정될 때, 국가를 통해 종속적으로 형성된 무기력한 인민이라는 틀에 갇혀 그 정치적 능력과 지속적으로 유리된 사람들 쪽으로 그 활동을 펼칠 때라는 점을 말해두자.

17. 그러나 또한 결집한 분견대를 아직 활성화하지는 않았지만, 국가가 구성한 '주권적 인민'의 배치 안에 실제 포함되지 않음을 뜻하는 인민도 있지 않은가? 우리는 그렇다고 대답한다. 그들이 **국가적인 방식으로, 공식적 인민이 실존하지 않는 것으로 간주하는** '하층민gens du peuple'에 대해 말하는 것은 의미가 있다. 여기서 우리는 사회·경제·국가적 객관성의 경계에 있다. 지난 수세기 동안 국가적 고려의 대상

이 되는 엄밀한 의미의 기존 사회는 세습적 귀족과 졸부들로 구성된 것이었기에, '실존하지 않는' 대중은 가난한 농민 대중이었다. 오늘날, 스스로에게 '선진' 사회 또는 '민주주의'라는 지위를 부여하는 사회에서 실존하지 않는 대중의 핵심은 최근에 나타난 프롤레타리아들('이민자들'이라 불리는 사람들)로 구성된다. 그들을 중심으로 하여, 비정규직 노동자들, 알바생들, 낙오한 지식인들, 대도시 변두리에 유배되고 격리된 모든 청년들이 모호한 전체를 구성한다. 이러한 전체를 인민이라 말하는 것은 정당하다. 국가의 관점에서 공식적인 인민이 누리는 존경의 권리를 그들이 갖지 못하는 한에서 말이다.

18. 우리 사회에서 공식적인 인민은 '중간 계급'이라는 아주 이상한 이름을 부여받는다는 점에 주목하자. 마치 '중간'인 것이 경탄할 만한 것일 수 있다는 듯이…… 그것은 우리 사회의 지배 이데올로기가 아리스토텔레스적이기 때문이다. 아리스토텔레스는 플라톤의 명백한 귀족주의에 대항하여 중용 안에 있는 것의 탁월함을 설정해놓았다. 다수 중간 계급의 창조야말로 민주주의적 유형의 체제에 있어 불가피한 버팀목이라고 주장한 사람이 바로 아리스토텔레스이다. 오늘날, 공식적 선전을 담당하는 신문(다시 말해 거의 모든 신문)이 새로운 상품을 소비하고자 하고, 그들을 가만히 내버려두기를 바라는 중국의 중간 계급이 5억 명에 달한다고(아주 열심히도 셌다) 말하며 즐거워할 때, 그들은 그들도 모르는 사이에 아리스토텔레스와 비슷해진다. 신문의 결론은

아리스토텔레스는 플라톤의 명백한 귀족주의에 대항하여 중용 안에 있는 것의 탁월함을 설정해놓았다. 다수 중간 계급의 창조야말로 민주주의적 유형의 체제에 있어 불가피한 버팀목이라고 주장한 사람이 바로 아리스토텔레스이다.
그림: 라파엘로 산치오, 〈아테네 학당〉(1509~1510) 중 일부, 로마 바티칸 스텐차 델라 세나투라 소장.

아리스토텔레스의 결론과 같다. 중국에 — 일반적인moyenne…… — 민주주의가 임박했다. 민주주의에서 '인민'이란 중간 계급 사람들로 이루어진 만족스러운 전체이고, 그 중간 계급 사람들로 이루어진 대중은 자본주의적 과두 권력의 민주주의적 합법성[의 인정]을 위해 존재한다.

19. 중간 계급은 자본주의적 과두정의 인민이다.

20. 이런 관점에서, 합법화가 거부되고, 신분증 발급이 거부되는 말리인, 중국인, 모로코인, 콩고인 또는 타밀인 등은 그 자체로 인민의 표징인데, 그것은 단지 과두정을 둘러싸고 합의를 만들어내는 사람들로 이루어진 가짜 인민에게서 '인민'이라는 말을 떼어놓는 것인 한에서만 그러하다. 그것은 게다가 신분증 문제를 둘러싼, 그리고 더 일반적으로는 최근에 등장한 프롤레타리아에 관한 문제를 둘러싼 정치적 조직의 과정이 오늘날 모든 진보적 정치에서 중심적인 이유이다. 그 정치는 공식적인 인민의 바깥에서 구성된 새로운 인민을 형성하는데, 그것은 정치적 용어로서의 인민을 공식적인 인민에서 떼어놓기 위한 것이다.

21. 결국 '인민'이라는 말은 두 가지 의미에서 부정적이다. 가장 확실한 첫째 의미는 항상 허구적인 것으로, 인종적이고 민족적인 유형의 닫힌 정체성으로 봉인된 것이다. 이런 유형의 역사적 실존으로서의 '인

민'은 그것을 기초 짓는 픽션을 폭력적으로 실존하게 하는 독재국가의 구축을 요구한다. 더 은밀하지만 더더욱 크게 해로운 둘째 의미는 그 의미의 유연함과 그 의미가 품고 있는 합의를 통해, '인민'에 대한 인정을 국가에 종속시키는데, 이 국가는 합법적이고 좋은 것으로 가정된 국가이다. 그렇게 할 수 있는 유일한 이유는 국가가 가능한 경우 성장을 조직하고, 어떤 경우든 자본이 포식하게끔 하는 헛된 생산물들을 소비할 자유를 가진 중간 계급, 또한 일반적인 구조에 어떤 영향도 미치지 않는다는 조건 아래 자신이 원하는 것을 말할 자유를 갖는 중간 계급의 지속을 조직한다는 데 있다.

22. 그리고 마지막으로 우리에게는 '인민'이라는 말의 두 가지 긍정적인 의미가 있다. 첫 번째 의미는 그 역사적 실존이라는 목적에서의 인민의 구성이다. 이 목적이 식민적이고 제국주의적인 지배 또는 침략자의 지배를 통해 부정되는 한에서 그 인민은 구성되는 것이다. 그래서 '인민'은 실존하지 않는 국가의 전미래에 따라 실존한다. 두 번째 의미는 공인된 국가가 소위 정당한 '그 국가의' 인민에서 분명하게 배제하는 소수 핵심 그룹에서 출발하여 그 자체로 선언된 인민이 실존한다는 것이다. 그러한 인민은 기존 국가의 폐지라는 전략적 목적에서 자신의 실존을 정치적으로 긍정한다.

23. 그러므로 '인민'은 원점에서는 권력에 의해 그 실존이 금지된

기다리던[새로운] 국가의 실존을 지칭하는 정치적 범주 또는 종점에서는 공인된 인민의 내부와 외부에서 동시에 새로운 인민이 그 쇠퇴를 요구하는 기존 국가의 실존을 지칭하는 정치적 범주이다.

24. '인민'이라는 말은 국가의 가능한 비실존의 견지에서만 긍정적인 의미를 가질 수 있다. 국가란 우리가 창조하고자 열망하는 것을 금지하는 국가이거나 우리가 사라지기를 열망하는 공인된 국가이다. '인민'은 민족해방전쟁과 같은 임시적인 유형 아래서 또는 공산주의 정치와 같은 결정적인 유형 아래서 그 전적인 가치를 갖는 말이다.

'인민적'이라고 말했나요?

피에르 부르디외

피에르 부르디외 Pierre Bourdieu

1930년 프랑스 남부 당겐에서 태어났다. 파리고등사범학교에 입학, 철학교수 자격을 취득하여 고등학교에서 교편을 잡던 중 1958년 알제리 전쟁에 징집되었으며, 전후에는 알지에대학에서 조교로 근무하였다. 그 뒤 파리대학에서 레이몽 아롱의 조교 생활을 했고, 릴대학 강사를 거쳐 1964년 30대 초반에 사회과학고등연구원의 교수이자 연구주임으로 취임한 뒤 교육문화사회센터(1969년에 유럽사회학센터로 개칭하여 현재에 이름)를 창설해 소장 연구자들과 공동연구를 추진했다.

1975년 학술연구 잡지인 《사회과학연구학보》를 창간, 편집장으로 재직하면서 정치, 경제, 종교, 교육, 예술, 문학, 민족, 언어, 취향, 스포츠에 이르는 광범위한 주제를 다루었다. 1981년에는 콜레주 드 프랑스의 사회학 강좌교수에 임명되었다. 2000년 9월 서울에서 열린 '2000 서울 국제문학 포럼'에 참가하기도 한 부르디외는, 2002년 세상을 떠났다.

대표적인 저서로는 『알제리의 사회학』(1961), 『상속자들』(1964), 『중간예술』(1965), 『예술 애호』(1966), 『재생산』(1970), 『자본주의의 아비투스』(1977), 『구별 짓기』(1979), 『실천 감각』(1980), 『혼돈을 일으키는 과학』, 『말하기의 의미』(1982), 『국가 귀족』(1989), 『자유교환』(1994), 『실천이성』(1994) 등이 있다.

populaire[popyloer]. 형용사. (Populeir, XIIe; 라틴어: popularis). *1° 인민에게 속하는 것, 인민으로부터 나오는 것. 인민 정부. "그리스 정치인들은 인민 정부 하에서 살았다"(몽테스키외). **민주주의 관련**. 인민 민주주의. 민중봉기, 대중시위. 인민전선: 좌파세력연맹(공산주의자, 사회주의자 등). 인민 대중. *2° 인민에게 고유한. 민간신앙, 민간전통. 대중상식. –언어학: 인민에 의해 창조되고 사용되는 것으로 부르주아지와 교양 있는 사람들에 의해서는 전혀 사용되지 않는 것. 통속어, 통속적 표현. 통속 라틴어. 속된 어법, 속된 표현법. ◇ 인민이 사용하는 것(인민으로부터 나오든 안 나오든). 통속소설. 대중공연. 대중가요. 대중예술(**민속 관련**). –(사람) 인민에게 말하는 자. "당신은 대중 연설가로서 성공하지 않아야 한다"(모루아). ◇ 인민에게서 충원되는 것, 인민이 자주 다니는 곳. 서민 계층, 인민 계급. "그들은 새로운 표현을 발견했다. 정말로 서민적인 고객을 위해 일한다는 표현이다"(로맹). **서민 관련**. 대중 사교장. 서민 무료급식. *3° (1559). 인민이, 가장 많은 수가 좋아하는 것. 앙리 4세는 인기 있는 왕이었다. 인민의 정책. "호프만은 프랑스에서 인기 있다. 독일보다 더 인기 있다"(고티에). *4° 명사. (옛말). 인민적인 것. 인민. ◈ (3°의) 반대어. 인기 없는(Impopulaire).

『프티 로베르 사전』(1979)

'인민적'[1]이라는 마법의 수식어를 포함하는 관용구들은 조사의 대상이 되지 않는데, 그 이유는 '인민'을 직간접적으로 건드리는 개념에 대한 모든 비판적 분석은 지정된 현실에 대한 상징적 공격과 즉각적으로 동일시될 — 따라서 '인민'을 변호해야 한다고, 특히 유리한 정세에서 '대의 bonnes causes'의 방어가 또한 제공할 수 있는 이익들을 확보해야 한다고 느끼는 모든 이들에 의해 즉각적으로 비난받을 — 위험에 노출되기 때문이다.[2] '통속언어'라는 개념의 경우에도 그렇다. 이 개념은 동일한 군에 속하는 모든 관용구들('대중문화', '대중예술', '민간종교' 등)처럼, 특히 교육 체계가 행사하는 비준에 동반된 주입과 강제의 지속적 활동에 의해 적법한 언어로부터 배제된 것의 집합으로서 관계적으로만 규정된다.

은어 사전이나 '관례에서 벗어난 프랑스어' 사전이 아주 분명히 드러내듯이, 이른바 '인민적'이라는 어휘는 적법한 언어의 사전들로부

---

1 [옮긴이] populaire라는 단어는 한국어에서는 문맥에 따라 여러 의미로 번역될 수 있다. 여기에서는 단독으로 사용될 경우에는 '인민적'이라는 용어로, 다른 명사와 짝을 이뤄 사용될 때는 문맥에 따라 한국에서 일상적으로 사용되는 말을 번역어로 사용하기로 한다.

2 과학적 객관화의 이익이 특별히 적거나 마이너스인 것에 비해 비용은 특히 많이 든다는 사실이 이 분야의 지식 상태에 아무런 책임이 없는 것이 아니다.

터 배제된 일군의 단어들, 또는 부정적 '사용 흔적' — 일상적fam., familier 표현, "다시 말해, 일상적인 구어나 약간 자유로운 문어에서 흔하게 사용되는"; 대중적pop., populaire 표현, "다시 말해, 도시의 서민 지역에서 흔하게 사용되지만 교양 있는 부르주아지 집단에서는 거부되거나 회피되는"[3] — 이 남아 있는 상태로만 그 사전들에 포함된 일군의 단어들에 다름 아니다. 이 '통속어'나 '비관습어' — 그것이 생산된 사회적 조건들을 잊지 않기 위해 앞으로는 팝pop이라고 부르는 것이 훨씬 좋을 언어 — 를 아주 엄밀하게 규정하려면, 따라서 '서민 계층milieux populaires'이라는 표현에서 의미하는 바와 '흔한' 사용이라는 말이 의미하는 바를 명확히 해야 할 필요가 있을 것이다.

'인민계급', '인민', 또는 '노동자'라는 가변적인 개념들의 정치적 효력들은 그 개념에 농민, 중간간부 사원 그리고 소규모 자영업자를 — 특히 선거기간 중에 — 포함시킬 정도로 지시대상을 마음대로 확장할 수 있거나, 공장 노동자, 심지어 금속 노동자들로만 지시대상을 한정할 수 있다는 사실에 기인한다. '서민 계층'처럼 확장 범위가 한정되지 않은 개념의 기만적 효력은 지식인의 글에서 각자가 연상 테스트에서처럼 자신의 이해관계, 편견이나 사회적 환상들에 그것을 맞추기 위해 무의식적으로 확장 범위를 조종할 수 있다는 사실에 기인한다. 이렇게 '통속 언어'의 화자들을 지정하는 것이 문제일 경우, '계층'을 생각

3 *Petit Robert*, 1979, p. xvii.

한다는 것에 모든 사람이 의견 일치를 본다. 그 바탕에는 '거친 사람들 les durs'이 적법한 사전들로부터 확실히 멀어진 은어의 생산과 유통에서 결정적 역할을 한다는 생각이 깔려 있다. 사람들은 '인민적'이라는 단어가 거의 자동적으로 떠올리게 하는 도시의 기층 토착 노동자들도 포함하는 것을 잊지 않는다. 반면에 사람들은 더 이상의 합리화를 하지 않고 농민들을 제외시킨다(아마도 그들은 **지역**에, 지역적인 것에 결부돼 있다고 알려져 있기 때문일 것이다). 그러나 사람들은 소상인들, 특히 카페 사장들을 배제할 것인지에 대해서는 자문하지조차 — 그리고 바로 여기에 이 모든 것을 쑤셔 넣은 잡동사니 개념들의 가장 귀중한 기능 중 하나가 있다 — 않는다. 인민주의적populiste 상상에서는 아마도 이들을 제외할 것이다. 반면에 문화나 말투를 보자면 그들은 명백히 회사원과 중간간부 사원보다는 노동자에 더 가깝다. 그리고 어쨌든 관찰보다는 카르네[4]의 영화들에서 더 많은 양분을 얻은 환상은 노스탤지어적 투항자들의 민속학자적 회상을 대부분의 경우 '인민'의 가장 '진정한' 대표자 중 가장 '순수한' 자들을 향해 이끌면서, 알다시피 공장 노동자 안에서 상상적 프롤레타리아보다 더 중요한 자리를 차지하고 있는 스페인이나 포르투

4 [옮긴이] 마르셀 카르네(Marcel Carné, 1906~1996)는 시적 리얼리즘을 대표하는 프랑스의 영화감독이다. 1929년 단편 기록영화 〈노장, 일요일의 황금향〉으로 인정받은 후 〈제니의 집〉, 〈해는 떠오른다〉 등의 리얼리즘계 작품을 만들었다. 레지옹도뇌르 훈장, 국제 베니스 비엔날레상, 베르메유상 등을 받았다.

갈, 알제리나 모로코, 말리, 세네갈 등에서 온 모든 이민자를 검토도 하지 않고 확실히 배제시킨다.[5]

암묵적 정의들이 거의 항상 포함하는 부분적 일관성 안에서 혼동을 발견하기 위해서는 우리가 '대중문화'라고 부르는 것을 생산하거나 소비한다고 여겨지는 사람들을 유사한 방식으로 조사해보면 된다. 즉, '통속 언어'의 경우에 중심 역할을 수행하는 '계층'은 여기에서 배제될 것이고, **룸펜프롤레타리아**도 배제될 것이다. 반면에 농민의 탈락은 더 이상 전혀 당연하지 않다. 비록 노동자들 — 이들은 반드시 포함돼야 한다 — 과 농민들의 공존이 수월하게 진행되지는 않는다 해도 말이다. '대중예술'의 경우, '민속 예술과 전통 박물관'과 같은 '인민적인 것'의 다른 객관화에 대한 조사가 분명히 보여주는 것처럼, '인민'은 적어도 최근 시대까지는 농민과 농촌 수공업자들로 축소돼 있었다. 그리고 '민간의학'이나 '민간종교'에 대해서는 무슨 말을 할 것인가? 우리는 '통속어'의 경우에 '거친 사람들'을 제외하고는 말할 수 없는 것처럼, 이 경우에도 더 이상 농민들을 제외하고는 말할 수 없다.

그것을 '언어'로서 — 다시 말해 적법한 언어에 일반적으로 적용하는 모든 엄밀함을 갖고 — 다루고자 애쓰면서 **팝**을 묘사하거나 쓰려고 한 언어학자나 작가 같은 모든 이들은 적법한 언어를 가장 모르는 화자들이 내

5 국가사회주의가 *völkisch*(**민족적**)라는 단어를 사용하는 과정에서 유사한 의식적이거나 무의식적 배제들이 어떤 역할을 할 수 있었는지는 잘 알려져 있다.

부적인 대화에서 사용하는 일상적 말투와는 거의 관계가 없는 인공물들을 생산할 수밖에 없었다.[6] 이렇게 '상당한 빈도와 기간 동안' 입증된 단어들만을 기록해야 하는 사전이라는 지배적 모델에 따르기 위해, 프랑스 비관습어 사전의 저자들은 전적으로 텍스트에 의존한다.[7] 그리고 선별 작업에 또 선별 작업을 하기 때문에, 말투들과 비교적 경직된 시장들을 뚜렷이 구별 짓는 빈도를 건드리면서,[8] 관련된 말투들을 본질적으로 변질시킨다. 그들은 무엇보다도 인민 계급들의 말투처럼 문학적 의도를 배제하는 말투를 (그 말투를 옮겨 적거나 기록하는 것이 아니라) 글로 쓰기 위해서는 그런 말투를 사용하는 사회적 조건과 상황으로부터 벗

---

6 다음을 참조. H. Bauche, *Le Langage populaire. Grammaire, syntaxe et vocabulaire du français tel qu'on le parle dans le peuple de Paris, avec tous les termes d'argot usuel,* Paris, Payot, 1920 ; P. Guiraud, *Le Français populaire*, Paris, Presses universitaires de France, coll. ≪Que sais-je?≫, n°. 1172, 1965(그리고 또한 동일한 관점에서, H. Frei, *La Grammaire des fautes*, Paris-Geneve, 1929, Genève, Slatkine Reprints, 1971).

7 다음을 참조. J. Cellard et A. Rey, *Dictionnaire du français non conventionnel*, Paris, Hachette, 1980, p. viii.

8 예를 들어, 가장 덜 경직된 시장 — 여자들 사이의 대화 — 에서 수집한 담론 안에서, 은어의 어휘는 거의 전적으로 존재하지 않는다는 것을 알리는 것으로 충분하다. 관찰된 사례에서는 대화자들 중 한 명이 한 남자의 말("당장 내 앞에서 꺼져")을 인용하면서 즉각적으로 "이렇게 그는 말을 해. 그는 전에 파리 녀석(titi d'Paris)이었어. 그래. 그는 조금 재수 없지. 모자를 항상 옆에 끼고 있어. 오, 그래. 보게 될 거야!"라고 덧붙일 때만 나타난다. 조금 더 뒤에서는 동일한 사람이 그가 자주 가는 카페 사장의 말을 전한 직후에 "pognon(돈을 의미하는 속어)"이라는 단어를 다시 사용한다(Y. Delsaut, ≪L'économie du langage populaire≫, *Actes de la recherche en sciences sociales*, 4, juillet 1975, p. 33-40을 참조). 경험적 분석은 화자들이 은어나 적법한 언어에 속하는 단어에 대해 느끼는 감정을 규정하려(관찰자의 정의를 강제하는 대신에) 노력해야 할 것이다. 이것은 적절치 않은 구별짓기 감각의 산물인 "잘못"이라고 묘사되는 수많은 특성들을 이해하는 데 무엇보다도 도움을 줄 것이다.

피터르 브뤼헐, 〈네덜란드 속담〉(1559), 베를린 국립미술관 소장. 85가지가 넘는 속담이 한 화면 속에 담겨 있으며, 서민들의 삶과 그 안에서 벌어지는 다양한 사건들을 해학과 풍자로 묘사했다.

어나야 한다는 것을 잊어버린다. 그리고 '의외의 발견'에 대한 관심이, 또는 선별적 회상 자체가, 표준어 안에서도 발견되는 모든 것을 배제하기에, 빈도의 구조를 전복시킨다는 것을 잊어버리는 것이다.

만약 '인민적인 것'의 집단에 속하는 개념들이, 그것들의 비일관성과 불확실성에도 불구하고, 그리고 또한 그런 것들 덕분에, 지식 담론 안에서까지 많은 기여를 할 수 있다면, 그 이유는 사회 세계에 대한 평범한 지식을 필요로 하는 사회적 주체들이 만들어내는 혼돈스러운 재현들의 망 — 이것의 논리는 신화적 이유의 논리이다 — 안에 그 개념들이 깊숙이 박혀 있기 때문이다. 사회 세계에 대한 시각, 그리고 특히 **타자들에 대한 지각**, 그들의 육체적 경향hexis에 대한, 그들의 몸의 형태와 크기에 대한, 특히 그들의 얼굴에 대한, 그리고 그들의 목소리에 대한, 그들의 발음과 그들의 어휘에 대한 지각은 사실 상호 연결돼 있고 부분적으로 독립적인 대립 관계들에 따라 조직된다. 우리는 언어 안에, 특히 적법한 언어의 사용자들이 타자들을 분류하고 그들의 **질**을 판단하기 위해 사용하는 **형용사 쌍의 체계** 안에 맡겨지고 보존된 표현 자원들을 집계 조사하면서 이 대립 관계에 대해 생각해볼 수 있다. 이 체계 안에서는 지배자들에게 전가된 속성들을 지시하는 용어가 항상 긍정적 가치를 재현한다.[9]

---

9 이것은 저속한 언행과 구별짓기의 순환적이거나 동어반복적인 수많은 정의들처럼 빙빙 돌거나 공허하게 도는 겉모습 아래서 적법한 언어는 대부분의 경우 지배자들의 이익을 향한다는 사실을

만약 사회과학이 사회 세계에 대한 평범한 지식의 과학에 특권적 자리를 만들어줘야 한다면, 그것은 단지 비판적 의도에서 사회 세계에 대한 모든 생각으로부터 그 생각이 평범한 단어들과 그 단어들이 구성하는 대상들('통속 언어', '은어', '사투리' 등)을 통해 받아들이는 경향이 있는 모든 편견들을 제거하기 위해서만은 아니다. 그것은 또한 이 실천적 지식 — 이것에 맞서 과학이 구성돼야 한다. 그리고 우선 그것을 객관화하는 것이 과학의 임무이다 — 이 과학이 알고자 하는 세계 자체에 통합된 부분이기 때문이기도 하다. 즉, 그 지식은 행위자들이 세계에 대해 가질 수 있는 시각을 만드는 데 기여하면서, 그리고 그것을 통해 그들의 행동들을, 특히 세계를 보존하거나 변형시키려는 행동들을 유도하면서 이 세계를 만드는 데 기여한다. 이렇게 행위자들이 타자들의 반응을 예상하기 위해, 그리고 그들이 자신들에 대해 주고자 하는 재현들을 강제하기 위해 만드는 자생적 사회언어학에 대한 엄밀한 과학은 무엇보다도 언어적 실천에서 개인적이거나 집단적인, 자생적이거나 제도화된 의식적 개입의 대상이나 산물의 상당수를 이해할 수 있게 만들 것이다. 예를 들어 언어적 차이와 사회적 차이 사이의 일치점들에 대한, 언어 안에 부분적으로 기록된('파리 억양', '마르세유 억양', '파리 변두리 억양' 등) 실천적 지식을 기반으로, 그리고 불완전하거나 잘못된 것(특히

보여준다.

'~라고 말하지 말고 ~라고 말하세요'라는 형태의 모든 언어적 관습들 안에서), 또는 반대로 품위 있거나 고상한 것으로 표시되거나 지적된 언어적 특징들에 대한 어느 정도 의식적인 탐지를 바탕으로, 화자들이 스스로에게 강제하거나 사람들로부터 — 가정이나 학교에서 — 강제받는 모든 **교정들**처럼 말이다.[10]

'통속 언어'라는 개념은 고급과 저속('저속한' 언어)의, 세련과 조잡(거친 단어들)이나 외설(외설적 농담)의, 고상과 속물의, 희귀와 보통의, 격식과 건성의, 요컨대 문화와 자연('은어', '거친 말'이라는 표현이 있지 않은가?)의 부류들에 따라 사회 세계를 구성하는 이원적 분류를 적용한 산물들 중 하나이다. 예를 들어 지배적 화자들의 느슨한 말투fam.와 피지배적 화자들의 경직된 말투(보쉬와 프라이 같은 관찰자들이 **팝**으로 분류한) 사이의 모든 얽힘을 무시하면서, 그리고 특히 '통속 언어'라는 부정적 계급 안으로 전반적으로 내쳐진 말투들의 극도의 다양성을 무시하면서 말투들의 연속체 안에 뚜렷한 단절을 집어넣는 것은 바로 이런 신화적 부류들이다.[11]

---

10 자생적 사회언어학과 그것이 유발하고 유도하는 가족이나 학교의 신속한 개입이 언어의 유지나 변형에서 행하는 역할 때문에, 언어 변화에 대한 사회언어학적 분석은 특히 교육적 실천을 지시하는 이런 종류의 **권리**나 **언어적 관습**을 무시할 수 없다.

11 '통속 언어'라는 개념의 원리에 속하는 분할을 받아들이면서 앙리 보쉬는 "일상적으로 사용되는 부르주아 말씨는 저속한 언어와 많은 공통점들을 보여준다"(op. cit., p. 9)고 말한다. 그리고 더 뒤에서는 이렇게 말한다. "은어 — 다양한 은어들 — 와 통속 언어 사이의 경계들은 때때로 한정하기가 어렵다. 한편에서는 통속 언어와 일상 언어 사이의 한계선들, 그리고 다른 한편에서는 엄밀한 의미

그러나 상징적 지배의 평범한 효과 중 하나인 일종의 역설적 중복에 의해 피지배자들 자신이, 또는 적어도 그들 중 일부가 그들의 고유한 사회 세계에 분할의 원리들(강한/약한·순종적인, 지적인/감각적인·감성적인, 단단한/물렁한·부드러운, 직선적·솔직한/꼬인·간계·거짓 등)을 적용할 수 있다. 그 원리들은 그것들의 질서에 따라 언어 영역에서 지배적 대립 관계 체계의 근본적 구조를 재생산한다.[12] 사회 세계에 대한 이 재현은 사나이다움과 온순함, 강함과 약함, 진짜 남자, '거친 사람', '사나이'와 여성적이고 여자 같은 존재들, 복종과 경멸을 받을 수밖에 없는 타자들 사이의 대립 관계를 통해 지배적 시각의 핵심을 다시 취한다.[13] 대표적인 '통속어'라고 간주되는 은어는 '통속어'를 만드는 분열의 원리을 '통속어' 자체에 적용하는 이와 같은 중복의 산물이다. 언어적 부[illegible] 것을 추종하는 남자들의 사나이다움을 의심하게 만드는 데 적

의 통속 언어와 저속한 사람들의, 하층민들의, 정확히 인민에 속하지 않고서 교양과 교육을 받지 않은 사람들의, 즉 '부르주아'들이 서민이라고 부르는 사람들의 언어 사이의 한계선들도 상당히 모호하다"(op. cit., p. 26).

12 복잡한 이유들 때문에, 그리고 지배적인 시각이 그 대립에 중요한 자리를 만들어주지는 않는지를 조사해봐야 한다고 해도, 남성과 여성 사이의 대립 관계는 (머리와 배 사이의 대조법에 따라) 변덕스럽고 향락을 탐하는 '암컷' 천민으로서의 '인민'이라는 가장 전형적인 대립 관계들을 낳는 원리 중 하나이다.

13 이것은 "진짜 중의 진짜"들의 말투에 대한 찬양의 모호함을 만든다. 즉, 거기에서 표명되는 세계관과 "거친 사람 중의 거친 사람"들의 사나이다운 덕목들은 사람들이 "인민적 우파" — 인종주의, 국민주의, 권위주의의 파시스트같은 조합 — 라고 부른 것 안에서 그것들의 자연적 연장선을 발견한다(Z. Sternhell, *La Droite révolutionnaire, 1885-1914. Les origines du fascisme*, Paris, Le Seuil, 1978 참조). 이제 셀린느(Céline)의 사례가 드러내는 표면적인 이상함이 더 잘 이해된다.

합한 인정과 복종의 형태를 내포하고 있는[14] 어두운 감정은 구별을 위한 거리두기를 능동적으로 추구하는 — 스타일을 만드는 — 것과 연결되고, 지배적 말투가 가장 강하게 드러나는 측면들 — 특히 가장 경직된 발음과 구문형태 들 — 을 배척하는 '지나침'에 대한 거부로 이어지며, 동시에 지배적 검열들의 위반 — 특히 성적인 문제 — 에 기반을 둔, 그리고 평범한 표현 형태들로부터 구별되고자 하는 의지에 기반을 둔 표현의 추구[15]로 이어진다. 언어적이든 다른 것이든, 공식적 규범들의 위반은 적어도 그것들에 복종하는 '평범한' 피지배자들만큼이나 지배자들을, 또는 특히 지배 자체를 공격하는 것이다. 언어적 면허는 '거친 사람들'이, 특히 청소년들이 여성적 감성의 연약함을 추종하거나 감정에 휘둘리는 것을 거부하기 위해 모든 것을 할 준비가 돼 있는, 만사에 초연한 '사나이'의 이미지를 타자들과 그들 자신들에게 강제하기 위해 제공해야 하는 **재현 작업**과 연출에 속한다. 그리고 사실 정서적, 도덕적 또는

---

14 학교 교육기간이 연장되기 때문에 "거친 사람"이라는 인물은 오늘날 학교에서부터, 그리고 학교가 요구하는 모든 형태의 복종들에 맞서 구성된다는 것이 사방에서 드러나는 것처럼 보인다.

15 어떤 차이(재치, 창작력, 능력의 차이)의 가능성, 그리고 차이 추구의 가능성 자체를 무의식적으로 배제하려는 것은 계급 인종주의의 효과들 중 하나이다. 이 인종주의에 따르면 모든 '가난한 사람들'은 황인들이나 흑인들처럼 서로 닮아 있다. '인민적'인 것에 대한 무차별적 찬양은 인민주의(populisme)의 특징이다. 이런 찬양 덕분에 그래서 '원주민들'이 어리석고 바보 같거나 상스러운 것이라고 평가하는 것들 앞에서 넋을 잃게 될 수 있다. 또는 마찬가지 일이지만, 그런 찬양 덕분에 '평범한 것(commun)' 안에서 이례적인 것만을 기억하려 하게 될 수 있고, 그것을 평범한 말투의 대표자로 만들려고 하게 될 수 있다.

미적 가치들의 체계적 악화가 드러나면서 아이러니, 빈정거림, 패러디에 의해 공통의 종 안에, 다시 말해 생물학적 보편성 안에 구별을, 다시 말해 특수한 차이를 집어넣으려는 모든 피지배자들의 경향에 봉착할 수 있다고 해도, 그런 체계적 악화 — 이 안에서 모든 분석자들이 은어 어휘의 심층적 '의도'를 식별했다 — 는 우선적으로 귀족주의의 확언이다.

'속된' 언어의 고상한 형태 — 지배자들 중 일부가 보기에도 — 인 은어는 구별짓기를 추구한 산물이다. 그러나 은어가 피지배적이라는 사실로부터 역설적 효과들이 만들어질 수밖에 없다. 우리가 그 효과들을 '통속어(또는 대중문화)'에 대한 평범한 성찰을 지시하는, 저항이나 복종이라는 양자택일 안에 가둬두고자 한다면 그것들을 이해할 수 없다. 실제로 모든 피지배적 위치에 내재적인 반-목적성contre-finalité의 효과들을 알아차리기 위해서는 신화적 시각의 논리에서 벗어나는 것으로 충분하다. 즉, 구별짓기에 대한 피지배적 추구가 피지배자들로 하여금 자신들을 구별짓는 것 — 이것을 명분으로 해서 피지배자들은 지배당하는 저속한 사람들로 구성된다 — 에 대해 확언하도록 만들 때, 낙인찍힌 집단들이 그 낙인을 자신들의 정체성의 원리라고 주장하도록 만드는 것과 유사한 논리에 따라 피지배자들로 하여금 자신들을 구별짓는 것에 대해 확언하도록 만들 때, 저항에 대해 말해야 하는가? 그리고 반대로 그들이 자신들을 저속한 사람들이라고 표시하는 것을 잃어버리려 노력할 때, 그리고 그들 자신을 동일시할 수 있도록 만드는 것을 전유하려 노력할 때, 복종에 대해 말해야 하는가?

모든 언어의 척도인 '표준' 언어를 '인민적' 언어와 대립시키려 하는 이원론적 사고방식의 효과들에서 벗어나기 위해서는 모든 언어적 생산의 모델로 되돌아가서 그 안에서 언어적 아비투스들의, 그리고 시장들의 여러 계급 사이에 가능한 다양한 조합으로부터 나오는 말투들의 극단적 다양성의 원리를 재발견해야 한다. 한편으로 지배적 시장들의 구성적 검열들을 식별하는 (이중적 의미에서) 경향, 또는 자유로운 시장들marchés francs의 일부가 제공하는 **강요된 자유들**을 이용하는 경향이라는 관점에서는, 그리고 다른 한편으로 한쪽이나 다른 한쪽의 요구들을 만족시키는 능력이라는 관점에서는 적절한 것으로 보이는 아비투스의 지배적 요인 중에서, 우리는 다음과 같은 것들을 주목할 수 있다. **성**sexe은 여러 가능한 시장들과의 — 특히 지배적 시장과의 — 매우 다른 관계들의 원리이다. **세대**génération는 다시 말해 언어적 능력의 가정적 그리고 특히 학교적 세대 양식이다. **사회적 위치**position sociale, 특히 노동환경의 그리고 노동환경이 조장하는 (피지배자들과) 사회적으로 동질적이거나 (지배자들과 — 예를 들어 서비스 인력의 경우 —) 이질적인 교환의 사회적 구성이라는 관점에서 특징지어지는 것이다. **농촌** 또는 **도시**, 그리고 이 경우에는 **과거** 또는 **최근**으로 구분되는 사회적 출신origine, 그리고 마지막으로 **민족적**ethnique 출신이 있다.

적법한 말하는 양식들을 받아들이는 것이 내포하는 복종과 온순함에 대한 가장 눈에 띄는 거부가 나타나는 곳은 바로 물론 남자, 그리고 그중에서도 이민가정 출신 청소년과 같이 가장 젊고, 현재 그리고 특히 잠재적으로 경제적·사회적 질서에 가장 덜 통합된 사람들이다. 폭력과 오토바이, 술이나 마약같이 거의 자살 같은 놀이 — 이 안에서 미래로부터 기대하는 것이 아무것도 없는 사람들의 미래와의 관계가 확인된다 — 를 숭배하는 것에서 완수되는 힘의 도덕은 아마도 하기 싫지만 할 수밖에 없는 일을 자진해서 하는 방식 중 하나일 뿐일 것이다. 현실주의와 견유주의를 드러내는 편견, 여성적이거나 여자 같은 감상에 동일시되는 감정과 감성에 대한 거부, 천민 귀족주의라는 절망적인 과감성으로 이어지는, 자신이나 타자에 대해 냉혹하게 구는 일종의 의무, 이것들은 도덕성과 감성이 아무런 도움이 되지 않는, 빈곤과 정글의 법칙, 차별과 폭력에 의해 지배되는 출구 없는 세계를 받아들이는 한 방식이다.[16] 위반을 의무로 구성하는 도덕은 특히 집단의 끊임없는 지원을 받는 청소년들에게 언어적이든 다른 것이든 공식적 규범들에 대한 과시된 저항 — 엄청난 긴장을 대가로만 항상적으로 지탱될 수 있는 — 을 강제한다. 기회에 희망을 맞추는 일을 전제하고 생산하는 인민적 현실주의처럼, 이 도덕은 방어와 생존의 메커니즘을 구성한다. 즉, 다른 사람들이 합법성의 테두리 안에서 얻는 만족을 얻기 위해서 법을 위반해야 하는

---

16 이민가정 출신인 '거친' 청소년들은 그들이 학교에 의해 그리고 또한 일상적 인종주의에 의해 상징되는 '프랑스' 사회에 대한 완전한 거부까지 밀고 나가는 것 안에서 아마도 한계를 표상한다. 경제적으로, 문화적으로 가장 헐벗은 가정 출신 청소년들의 봉기의 원리는 종종 학교교육에서의 어려움, 실망 또는 실패에서 발견된다.

사람들은 봉기의 대가를 너무나 잘 안다. 폴 윌리스Paul E. Willis가 잘 봤듯이, 허세(예를 들어 공권력과 특히 경찰에 대한)의 자세들과 태도들은 단지 성별뿐만 아니라 위계 관계를 건드리는 모든 것에 아주 부합하게 공존할 수 있다. 그리고 인간적 존중이 강제하는 과시적인 거칢은 연대에 대한, 게다가 애정에 대한 노스탤지어를 전혀 배제하지 않는다. 이 노스탤지어는 무리 안의 고도로 검열되는 상호작용échange들에 의해 충족되는 동시에 억압되기 때문에 포기의 순간에 표현되거나 드러난다.[17] 은어는, 그리고 여기에서 엄밀한 의미에서의 '계층'의 테두리를 넘어 은어가 유포되는 이유 중 하나인 상징적 강제의 효과를 가진 은어는 경제적이고 문화적인 자본을 가장 덜 가진 남자들이 거칢이라는 기호 아래 전적으로 위치한 그들의 사나이다운 정체성과 사회 세계에 대해 가진 시각 — 본질적으로 여성적(또는 여자 같은) '연약함'과 '복종'에 맞서 조성된 — 의 모범적이고 말하자면 이상적인 표현 중 **하나** — 엄밀히 정치적인 표현은 이것을 고려하고 나아가 이것과 함께 조합돼야 할 것이다 — 를 구성한다.[18]

---

17 P. E. Willis, *Profane Culture*, Londres, Routledge and Kegan Paul, 1978, 특히 p. 48-50.

18 이 분류 원리가 모범적으로 드러난 것과 그것의 적용될 수 있는 영역의 크기를 보여주기 위해서는, 이 벽돌공(옛 광부)을 인용하는 것으로 충분할 것이다. 직업의 명칭들을 분류하고(친족 용어들의 성분 분석을 위해 사용되는 기술들의 모델을 바탕으로 고안된 테스트) 그렇게 분류된 것들에게 이름을 붙이라는 요청을 받은 그는 한 뭉치의 상위 직업들 — 그에게 그 직업들의 대표는 텔레비전 진행자였다 — 을 "모두 호모들(pédés)이야"라고 말하면서 손짓 하나로 내던져 버렸다(Enquête Yvette Delsaut, Denain, 1978).

그렇지만 차용된 단어와 관용구가 일상적 상호작용의 평범한 말투 안에서 사용될 때 그것들의 기능과 의미에 생기는 심한 변형들을 무시하지 않도록 주의해야 한다. 바로 그렇게 '거친 사람들'의 귀족주의적 견유주의의 가장 전형적인 산물 중 일부가 일상적 사용 안에서 중화되고 중화하는 일종의 관례들처럼 기능할 수 있다. 이 관례들은 남자들이 아주 엄격히 신중한 범위 내에서 애정, 사랑, 우정을 말하거나 또는 사랑하는 존재들, 부모, 아들, 아내를 부를 수 있도록 해준다(예를 들어 너무 친근하게 느껴지는 '내 아내'나 단순한 이름 부르기 같은 것에서 벗어나게 해주는 '여사장', '여왕마마' 또는 '마누라' 같은 표준적 용어의 어느 정도 아이러니한 사용).[19]

적법한 언어에 관한 배열의 위계 안의 정반대 지점에서, 경제적이고 문화적인 자본을 적게 가진 행위자들의 세계에 직업이나 결혼에 의해 연결돼 있기는 하지만 아마도 지배적 시장의 요구들에 대한 감성과 그것들에 응답할 능력 — 이것은 그들을 프티부르주아지에 연결시킨다 — 을 갖고 있을 여자 중에서 아마도 가장 젊고 가장 교육을 많이 받은 사람들을 찾을 수 있다. 세대의 효과에 관해서 말하자면, 그것은 본질적

---

19 더 일반적인 방식으로, 성적인 것들을 상당히 난폭하게 연상시키는 것과 감정적인 것을 생리학적인 것 위에 밋밋하게 투사하는 것은 종종 곡언법(litote)과는 반대로 더 적게 말하기 위해 더 많이 말하는 **과장법과 반어법에 의한 완곡어법**의 가치를 갖기 때문에, 이 어휘는 소설의 옮겨적기나 어휘론적 회상에 의해 시장이 바뀔 때, 완전히 의미가 바뀐다.

으로 세대 양식의 변화 효과와, 다시 말해, 연령대 사이의 차이 요인 중 아마도 가장 중요한 것을 나타내는 학교 체계에 대한 접근 효과와 혼동된다. 그렇지만 학교의 작용이 스스로 자임하고 우리가 그것에 부여하려는 경향이 있는 언어적 능력의 동질화 효과를 행사하는지는 확실하지 않다. 우선, 학교의 표현 규범들의 사용은 그것이 받아들여질 때, 말하기와 특히 글쓰기라는 학교 생산물들에 한정될 수 있기 때문이다. 그다음, 학교는 학업 기준들의 관계하에서, 그리고 사회적 기준의 관점에서 가능한 한 동질적인 학급으로 학생들을 배분하려 하기 때문이다. 그래서 동급생 집단은 교육 작용이 생산할 수 있는 효과에, 학교 시설과 구역의, 따라서 사회적 출신의 사회적 위계 안에서 밑으로 내려갈수록, 점점 더 강하게 대립하는 효과를 행사하는 경향이 있다. 마지막으로 역설적으로 학교 체계와 단절된, 그리고 학교 체계를 통해 사회적 질서와 단절된, 거의 비활동 상태와 오랜 무책임의 상황[20]에 놓인 지속적이고 동질적인 청소년 집단들을 만들면서, 가장 취약한 계급의 아이들 — 특히 이민자의, 무엇보다 북아프리카 지역 이민자의 아들들 — 이 속할 수밖에 없는 추방 구역들은 아마도 여러 다른 발현 중에서도 적법한 언어의 규범들과 단절된 말투 안에서 표현되는 일종의 '비행청소년 문화'의 발전에 가장 유리한 조건들을 제공하는 데 기여했기 때문이다.

---

20 이 상황의 등가물은 지금까지 아마도 은어적 말투의 형태들이 생산, 주입되는 주요 장소 중 하나였을 병역의 형태하에서만 나타났다.

아무도 언어적이거나 문화적인 법칙을 완전히 무시할 수 없다. 그리고 피지배자들이 적법한 능력의 소유자들과 상호작용을 할 때마다, 그리고 특히 그들이 공식적 상황에 놓일 때, 그들은 자신들의 언어적 생산에 가장 불리한 가치의 형성 법칙들을 실천적·육체적으로 식별할 수밖에 없다. 이런 식별 때문에 그들은 수정이나 **침묵**을 향해 가는 어느 정도 절망적인 노력을 할 수밖에 없다. 그들이 직면한 시장들을 그것들의 자율성 정도에 따라 지배적 규범들에 가장 완전히 복종하는 것들(사법부, 의학 또는 학교와의 관계 안에서 수립되는 규범과 같은)부터 이 법칙들로부터 가장 완전히 해방된 것들(감옥이나 청소년 무리 안에서 구성되는 규범과 같은)까지 분류할 수 있는 일이 남아 있다. 언어적 반-적법성contre-légitimité에 대한 확언은, 그리고 동시에 지배적 시장들의 특징적인 관례들과 관습에서 어느 정도 벗어난 무지 위에 기반을 둔 담론의 생산은 고유한 가치 생산 법칙에 의해 지배되는 **자유로운 시장들**의 테두리 안에서만 가능하다. 다시 말해 피지배 계급들에게 고유한 공간 안에서만, 그리고 이 시장들에서 인정된 사회적이고 언어적 능력을 갖춘 자격 있는 소유자들에게서만 가능하다. 배제된 자들의 은신처, 대피소인 이 공간으로부터 지배자들은 사실 적어도 상징적으로는 배제된다. 문화적 적법성의 근본적 원리들의 실재적 위반으로서 '계층'의 은어는 다를 뿐만 아니라 대립되기도 하는 사회적이고 문화적인 정체성에 대한 일관된 확언을 구성한다. 그리고 거기에서 표명되는 세계관은 **계급 내적인** 언어적 상호작용 안에서, 더 특별히는 카페 안의 상호작용들처럼 힘과 사나이다움이라는 가치들에 의해 완전히 지배되는 상호작용 중 가장 통제되고 강조되는 것들 안에서 피지배 계급들의 구성원(남성)들이 지향하는 **한계**를 재현한다. 말과 행동의 지배적 방식들에 맞서는 — 정치와 함께 — 유일한 효과적 저항 원리 중 하나를 재현한다.

내적 시장들은 그것들을 특징짓는 **긴장**에 따라, 그리고 동시에 그것들이 강제하는 검열 정도에 따라 스스로 구별된다. 그리고 우리는 (은어의) 가장 자주 추구되는 형태들의 **빈도**는 시장들에서의 긴장과 화자들의 언어적 능력이 감소함에 따라 감소한다는 가설을 만들 수 있다. 즉, 그것은 **사적**이고 친숙한 상호작용들 안에서 최소가 된다. 이런 상호작용들 안에서 적법한 말투의 규범들에 대한 독립은 특히 지배적 말투의 관례와 관습을 **무시하는** 어느 정도 전적인 자유에 의해 드러난다. 그 독립은 카페 안의 대화들에서 나타나는 말싸움이나 과시적인 경쟁들처럼 진정한 **스타일의 추구**를 강제하는 **공적**인(거의 독점적으로 남성적인) 상호작용들 안에서 아마도 최대에 도달할 것이다.

이 모델은 엄청난 단순화를 전제하고 있기는 하지만 그럼에도 담론들의 극단적인 다양성을 보여준다. 이 담론들은 생산자들에게 달라붙어 있는 특성들의 여러 조합에 부합하는 여러 언어적 능력과 시장의 여러 계급 사이의 관계 안에서 실질적으로 발생한다. 그러나 이 모델은 덧붙여 **체계적 관찰 프로그램**을 도안하고 가장 의미 있는 전형적 사례들을 있는 그대로 구성하게 해준다. 그 사례들 사이에 언어적 자본을 가장 덜 가진 화자들의 모든 언어적 생산이 위치한다. 즉, 첫 번째, 가장 경직된 — 다시 말해 공적인 — 자유로운 시장들에서 달인들에 의해 제공된 담론 형태들, 그리고 특히 은어가 있다. 두 번째, 지배적 시장들을 위해, 다시 말해 피지배자와 지배자 사이의 사적인 상호작용을 위해, 또는 **공식적** 상황을 위해 생산된 표현들은 위협이나 **침묵**의 효과에 의해 어색하거나 이상해진 말의 형태를 취할 수 있다. 그리고 마지막으로, 친숙하고 사적인 — 예를 들어 여자들 사이의 — 상호작용을 위해 생산된 담론들이 있다. 마지막 두 개의 담론 부류는 화자들의 유일한 특성들에 의해 언어적 생산들을 특징짓기 때문에 논리적으로 그것들을 '통속 언어' 안에 들어가게 만들어야 할 것들에 의해 항상 배제된다.

비교적 경직된 모든 시장이 행사하는 검열 효과는 일부 카페들처럼 인민 계급의 성인 남자들에 의해 사실상(적어도 일부 시간대에) 전용되는 공적 장소들에서 교환되는 말들이 매우 의례화돼 있고 엄격한 규칙들에 따른다는 사실에서 드러난다. 즉, 사람들은 단지 음료를 마시려고만 카페에 가는 것이 아니라 일상의 해야 할 일들로부터의 자유라는 감정을 참가자들에게 제공할 수 있는 집단적 오락에, 술의 소비가 물론 기여할 수밖에 없는 사회적 도취와 경제적 공짜의 분위기를 생산할 수 있는 집단적 오락에 능동적으로 참가하기 위해서도 간다. 사람들은 웃고 웃기기 위해 거기에 있다. 그리고 각자는 자신의 능력껏 좋은 말들과 농담들을 상호작용 과정에서 내뱉는다. 또는 적어도 다른 사람들의 성공적 말들에 웃음과 맞장구 감탄사("아! 그래!")를 보내면서 잔치에 제 나름대로 기여한다. 연구와 축적이라는 의식적이고 항상적인 작업의 대가로 사회성의 승인된 형태에 도달하는 '재미있는 녀석'의 이상형을 구현할 수 있는 분위기 주도자로서의 재능을 소유하는 것은 매우 귀중한 자본의 형태이다. 이렇게 좋은 카페 사장은 이 시장에 적합한 표현적 관례들을 잘 다루면서 농담, 재미있는 이야기, 말장난을 한다. 그의 항구적이고 중심적인 위치 때문에 그는 이런 것들을 획득하고 떠벌일 수 있다. 그리고 또한 그는 놀이의 규칙들과 참가자들의 이름, 별명, 버릇, 결점, 전문, 재능 등의 특성들에 대한 특별한 지식을 갖고 있어서 그것들을 이용할 수 있다. 그것들은 자극하고 독촉하고 또는 은근히 주의를 환기시킴으로써 그의 손님들이 찾으러 오고 그들 스스로가 가져와야 하는 사회적 열광의 분위기를 생산할 수 있는 상호작용들을 유발하고 유지하고 포함하는 데 필요한 자원이다.[21] 제공된 대화의 질은 참가자들의 질에 따른다. 그리고 참가자들의 질은 대화의 질에, 따라서 대화의 중심에 있는 사람의 질에, 상호작용의 순환 경로 — '사장의 한턱내기' 또는 단골들에게 제공되는 주사위 놀이와 함께 — 안에 평

21 소상인과 특히 카페 사장은 특별히 그가 직업적 필요조건에 속하는 사회성의 덕목을 소유할 때, 노동자들에게서 (진정한 문화적 방벽에 의해 노동자들과 분리된 지식인들과 문화적 자본을 가진 프티부르주아지 구성원들이 전제하려는 것과는 반대로) 어떤 지위와 관련된 적대의 대상도 되지 않는다. 무엇보다도 그의 경제적 여유 덕분에 갖게 되는 여유와 자신 때문에 그는 아주 종종 일정한 상징적 권위 — 비록 주제가 카페의 대화 안에서는 묵시적으로 금기시된다고 해도 정치적 면에서도 행사될 수 있는 — 를 누린다.

사람들은 단지 음료를 마시려고만 카페에 가는 것이 아니라 일상의 해야 할 일들로부터의 자유라는 감정을 참가자들에게 제공할 수 있는 집단적 오락에, 술의 소비가 물론 기여할 수밖에 없는 사회적 도취와 경제적 공짜의 분위기를 생산할 수 있는 집단적 오락에 능동적으로 참가하기 위해서도 간다.
그림: 존 슬론, 〈맥솔리의 간이주점〉(1912), 디트로이트미술관 소장.

범한 참가자로 가입하려는 의지와 능력, 그리고 좋은 삶에 대한 집단적 숭배를 통해 사회적 구속들과 경제적 빈곤들을 중지시키는 데 기여하려는 의지와 능력을 확언하면서 상업적 관계를 부정할 줄 알아야 하는 사람의 질에 따른다.[22]

우리는 이 시장에서 통용되는 담론이 완전한 자유와 절대적인 자연스러움이라는 겉모습을 시장의 규칙이나 원리를 모르는 사람들에게만 준다는 것을 이해할 수 있다. 그래서 낯선 이가 보기에는 자유분방한 능변이라고 파악되는 유창함은 그 자체로 학술적 유창함의 임기응변보다 더 자유롭지도 덜 자유롭지도 않다. 그 유창함은 효과를 추구하고 청중과 그들의 반응에 주의를 기울이며 수사적 전략들을 사용해 청중의 친절과 호의를 얻으려 한다. 그것은 검증된 창작과 표현 도식들에 의존한다. 그 도식들은 그것들을 소유하지 않은 사람들에게 분석의 정교함이나 심리적이거나 정치적 통찰력이 번쩍이며 드러나는 것을 본다는 감정을 주는 데 적합하다. 그의 수사적 표현이 용인하는 엄청난 중언부언에 의해, '교육 잘 받았음'을 반드시 드러내는 의례적 형태와 표현의 반복에 내주는 자리에 의해, 누구나 다 아는 세상의 구

22 카페 사장 외에도 상인들, 특히 장터와 시장의 행상들과 이동 상인들처럼 입담이 좋고 수다스러운 직업인들이, 또한 도살업자 그리고 다른 상호작용 구조들에 부합하는 다른 스타일의 미용사들이 단순한 임시 생산자들인 노동자들보다 새로운 표현들을 만드는 데 더 기여하지는 않나 확인할 필요가 있을 것이다.

소상인과 특히 카페 사장은 특별히 그가 직업적 필요조건에 속하는 사회성의 덕목을 소유할 때, 노동자들에게서 (진정한 문화적 방벽에 의해 노동자들과 분리된 지식인들과 문화적 자본을 가진 프티부르주아지 구성원들이 전제하려는 것과는 반대로) 어떤 지위와 관련된 적대의 대상도 되지 않는다.
그림: 빈센트 반 고흐, 〈밤의 카페〉(1888). 예일대학교 아트 갤러리 소장.

체적 이미지들에 언제나 의존함에 의해, 형식적 갱신에 이르기까지 집단의 근본적 가치들을 재확언하는 강박적 고집에 의해, 이 담론은 심하게 안정적이고 경직된 세계관을 표명하고 강화한다. 행위자들 각각의 계급에 그것의 본질을, 즉 그것의 자리와 위치를 지정하는, 꾸준히 재확언되고 집단적으로 보증된 이 명증함의 체계 안에서 성별 노동 분업의 재현은 중심적 자리를 차지한다. 아마도 사나이다움에 대한, 다시 말해 거칢에 대한, 육체적 힘에 대한, 그리고 여자 같은 세련됨을 선택적으로 거부하는 것에서 만들어지는 무뚝뚝한 상스러움에 대한 숭배는, 상인들처럼 경제적 자본이 풍부하든 그렇지 않든, 문화적 자본이 없다고 느끼는 모든 사람들이 직면하는 문화적 열등함에 맞서 투쟁하는 가장 효과적인 방식 중 하나이기 때문일 것이다.[23]

자유로운 시장들 안의 정반대편에서 친숙한 사람들끼리의, 특히 여자들 사이의 상호작용 시장은 연구와 효과라는 생각 자체가 거의 부재한다는 점에서 구별된다. 그래서 거기에서 유통되는 담론은 카페의

---

23 이 표상은 존재 조건의 거칢이 어쨌든 남성에게 강제하지만 동시에 그가 선택해야 한다고 느끼는 사회적 본성 — '아픔과 고통을 잘 견디는', 속내를 털어놓지 않고 감정과 감상적인 것을 거부하는, 단단하고 고집스러운, '융통성이 없는', 솔직하고 믿을 만한, '기대할 수 있는' 남자의 본성 — 을 남성에게 부여한다. 왜냐하면 이것은 여성적, 약한, 부드러운, 온순한, 순종적, 허약한, 변하는, 민감한, 감각적인 '본성'에 (그리고 여자 같은 '반대 본성'에) 대립해 규정되기 때문이다. 이 분할의 원리는 그것의 특수한 적용 영역 안에서뿐만 아니라, 다시 말해 남성/여성 사이 관계들의 영역 안에서뿐만 아니라 매우 일반적인 방식으로 남자들에게 그들의 정체성에 대한, 그리고 더 일반적으로는 다른 여러 사회적 정체성에 대한, 그리고 그것을 통해 모든 사회 질서에 대한 엄격하고 딱딱한, 한마디로 본질주의적 시각을 강제하면서 작동한다.

공적 상호작용들의 담론과는 우리가 봤듯이 형태가 다르다. 즉, 바로 거부의 논리보다는 박탈의 논리 안에서 그것은 적법한 담론에 맞서 규정된다. 지배적 시장들 — 공적이고 공식적이든 사적이든 — 의 경우에, 그것들은 경제적·문화적으로 가장 헐벗은 사람들에게 아주 어려운 문제들을 야기한다. 그 결과, 만약 우리가 '통속 언어'의 소유자들이 암묵적으로 채택하는 화자들의 사회적 특성에 기반을 둔 말투들의 정의에 한정한다면, 이 언어의 가장 빈번한 형태는 침묵이라고 말해야 할 것이다. 사실, 바로 성별 노동 분업의 논리에 따라서, 교정을 모색하지 않고서 지배적 시장들에 맞설 필요로부터 나오는 모순이 해결된다. 남자는 자신의 정체성("그는 자신의 모습 그대로이다")의 구성요소인 자기 항구성의 권리와 의무에 의해 규정된다는 것이 (우선적으로, 그것을 한탄하는 것처럼 가장할 수 있는 여자들에 의해) 받아들여지기 때문에, 그리고 그가 자신의 사나이다운 존엄을 보존하는 데 적합한 침묵을 지키는 데 만족할 수 있기 때문에, 까다로운 상황들에 맞서기 위해 필요한 노력을 하는 것, 의사를 맞이하는 것, 그에게 증상들을 알려주고 그와 함께 치료 방안에 대해 논의하는 것, 여교사들과 상담하거나 건강보험 절차를 밟는 것 등은 본성적으로 유순하고 순종적이라고 사회적으로 규정되는 여자의 몫이 되는 일이 잦다.[24] 원칙적으로 교정에 대한 불행한 모색이나

24 이 행동들이 여자의 교육 수준에 따라, 그리고 특히 아마도 부부 사이의 교육 수준의 차이에 따라 변하는 것이라는 것은 당연하다.

잘못 지향된 구별짓기 노력을 필요로 하며 특히 의학 용어들처럼 변형된 모든 단어들같이 프티부르주아들에 의해 — 그리고 '통속어'의 문법에 의해 — 무자비하게 지적된 '잘못들'은 아마도 대부분 여자들의 것일 것이다(그리고 그녀들은 '그녀들의' 남자들에 의해 놀림을 받을 수 있다 — 이것도 곤란함을 만들고 격식을 차리는 '본성'을 여자들에게 결부시키는 한 방식이다[25]).

사실, 이 경우에조차도 온순함의 표현들은 결코 모호함이 없는 것은 아니다. 그리고 그 표현들은 그것들을 지위상의 종속에 의해 강제된 의례적 표현으로 전환시키는 아주 작은 매정한 거절, 최소한의 아이러니나 거리두기의 흔적만으로도 공격적으로 변할 위험이 항상 있다. 즉, 너무 불평등한 사회적 관계 안에서 적절한 언어와 태도들을 너무 노골적으로 사용하는 사람은 선택적 경배를 강제된 복종이나 타산적인 비굴함이라고 생각하고 체험할 수밖에 없게 된다. 언어적 예의와 격식에 맞는 의상이라는 지배적 규범들에 공공연하게 순응해야 하는 하인의 이미지는 피지배자들과 지배자들의 모든 관계에, 특히 '급료'가 제기하는 거의 해결 불가능한 문제들이 증언하듯이, 서비스의 상호작용들에 깃들어 있다. 이런 이유로 지배자들과 그들의 생활양식에 대한 모호함이 서비스 업무를 담당하는 남자들 — 불안한 순응의 경향과 친숙함

25 보다시피 이 논리에 따르면 여자들은 항상 잘못을 한다. 다시 말해 (비뚤어진) 본성을 갖고 있다. 사례를 무한히 증가시킬 수 있다. 여자에게 어떤 일이 맡겨진 경우에, 만약 그녀가 성공한다면 그것이 쉬웠기 때문이고, 만약 실패한다면 바로 그녀가 그것을 다룰 줄 몰랐기 때문이다.

을 허용하고 지배자들의 높이까지 자신을 끌어올려 그들을 강등시키려는 시도 사이에서 균형을 잡는 — 에게서 아주 빈번하게 나타난다. 그 모호함은 아마도 언어적 자본을 가장 덜 가진, 상스러움과 비굴함 사이에서 양자택일할 수밖에 없는 남자들이 지배적 표현 양식과 유지하는 관계의 진실이자 한계를 재현할 것이다.[26] 역설적으로, 그들이 스스로를 우스꽝스럽거나 비굴하다고 느끼지 않고서 가장 고귀한 말투 — 예를 들어 사랑을 말하거나 장례식에서 동정을 표현하기 위해 — 로 자신을 표현하는 것은 바로 단지 그들의 눈에 엄숙함이 정당화되는 때뿐이다. 바로 그런 때, 그들은 가장 관례적인 언어를, 그들이 보기에 심각한 것을 말하기 위해 유일한 적당한 언어를 채택할 수 있다. 다시 말해, 지배적 규범들이 감정의 힘과 진정됨을 드러내기 위해 만들어진 관례들과 문구들을 버리도록 요구하는 바로 그 경우에 그렇다.

이렇게 피지배자들의 언어적이고 문화적인 생산들은 자유로운

---

26 접근불가능한 것이라고 지각되는 것에 상징적 오점(예를 들어 욕설, 험담, 또는 성욕을 자극하는 도발을 통해)을 주려는 의도는 상대방의 우위를 인정한다는 가장 끔찍한 자백을 담고 있다. 그래서 장 스타로빈스키(Jean Starobinski)가 잘 보여주듯이 "상스러운 잡담은 사회적 위치 사이의 간격을 메꾸기는커녕 그것을 유지하고 심화시킨다. 불경함과 자유로움의 색깔 아래에서 그것은 강등의 의미로 가득 차 있다. 그것은 열등함의 자기 확언이다". (이것은 브레일 아가씨에 대한 하인들의 잡담들에 대한 것이다. 참고로 J.-J. Rousseau, *Confessions, III*, in *OEuvres complètes*, Paris, Gallimard, ≪Bibliothèque de la Pléiade≫, 1959, p. 94-96 – *La Relation critique*, Paris, Gallimard, 1970, p. 98-154에서 장 스타로빈스키가 분석한 것들과 같다.)

시장들이 제공하는 규제된 자유를 즐기는 것에 대한, 또는 지배적 시장들이 강제하는 구속들을 받아들이는 것에 대한 그들의 경향과 능력에 따라 심하게 변하는 것 같다. 이로써 '인민'에 대해 말할 권리와 의무가 있다고 느끼는 사람들 각자가 모든 부류의 생산자가 모든 시장에서 생산하는 모든 말투를 고려할 때 다형적 현실 안에서 왜 자신의 이해관계나 환상을 위한 객관적 매체를 발견할 수 있는지가 설명된다.

《Vous avez dit "populaire"?》, *Actes de la recherche en sciences sociales, n°.46*, mars 1983, p. 98-105; 『언어와 상징 권력』(*Langage et pouvoir symbolique*, Paris, Le Seuil, 2001)에 재수록, 이 글을 수록하도록 허락한 제롬 부르디외(Jérôme Bourdieu)에게 감사의 뜻을 표한다.

우리, 인민 - 집회의 자유에 관한 생각들

주디스 버틀러

주디스 버틀러 Judith P. Butler

퀴어 이론의 창시자이자 후기구조주의 페미니즘의 대표적 이론가이다. 1956년에 태어나 오하이오 클리블랜드에서 자랐다. 1984년 예일대학교 철학과에서 프랑스 철학에서의 헤겔 해석에 관한 논문으로 박사학위를 받았고, 1987년 박사학위논문을 바탕으로 첫 책 『욕망의 주체』를 출간했다. 그리고 1990년 『젠더 트러블』을 출간하며 학계에 큰 논란을 불러일으켰다. 이 책에서 버틀러는 여성 없는 페미니즘의 가능성을 제기하고, 섹스/젠더의 이분법을 허물면서 기존 페미니즘 정치학에 도발적으로 문제를 제기했다. 또한 스스로 레즈비언임을 밝힌 바 있는 버틀러는 '퀴어 이론'의 관점에서 보부아르, 크리스테바, 프로이트, 라캉, 이리가레, 위티그, 데리다, 그리고 푸코에 이르기까지 유명 철학자들의 주장을 비판적으로 논의했다. 이 책은 수많은 논쟁을 불러일으키며 전 세계적으로 번역되어 10만 부 이상이 팔렸으며, 인터넷상에 국제 팬진(fanzine) '주디!'를 탄생시키면서 버틀러를 영미 지성계의 떠오르는 아이콘, 학계의 슈퍼스타로 만들었다.

버틀러는 1999년 미국 학술지 《철학과문학》에서 '최악의 저자'에 뽑힐 만큼 난해한 글쓰기로 악명이 높지만, 다양한 학술 분야에 중대한 영향을 미치면서 오늘날 가장 중요하고 영향력 있는 페미니스트 이론가로 인정받고 있다. 2012년에는 '정치이론, 도덕철학, 젠더 연구'에 기여한 공로로 아도르노상을 수상했다. '오늘날 가장 영향력 있는 정치이론가이자 여성주의 이론가 중 한사람'으로 평가받는 버틀러는 최근에는 시오니즘에 근거한 이스라엘의 국가폭력에 반대하는 유대인 행동주의자로서 당면한 쟁점들에 대한 글쓰기와 집단적 행동에도 적극적으로 가담하고 있다. 그녀의 철학적 문제의식은 언제나 탁월한 문학적 수사를 경유해서 구체화된다. 그런 면에서 비판적 지식인의 성찰성은 시적 문장들과 만나면서 인간의 고통을 어루만지고 슬픔을 전염시키는 기이한 장면을 드러낸다. 현재 미국 캘리포니아 버클리대학 수사학 및 비교문학과 교수로 재직 중이다. 국내에서 번역되어 나온 저서로는 공저인 『우연성, 헤게모니, 보편성』, 단독서인 『불확실한 삶』, 『의미를 체현하는 육체』, 『안티고네의 주장』, 『누가 민족국가를 노래하는가』(공저) 등이 있다.

사람들이 함께 모임으로써, 집단적으로 말하는 방법을 조직하고, 정책의 변화와 정부의 해산을 요구했던 사례들은 무수히 많다. 타흐리르 광장은 거리 집회의 상징이 되었다. 처음에 그들은 무바라크 정권의 퇴진을 요구하다가 점점 몸집이 불어나면서, 다양한 모습으로 거리에 나서게 되었다. 그들은 과도기 정권이 내놓은 다양한 정책과, 이전 정권에서 고문에 가담했던 것으로 알려진 정부 관리가 제시한 약속에 반대하게 되었다. 그뿐 아니라 날조된 새 헌법의 졸속한 추진에 반대하고, 최근에 와서는 대통령의 일방적 명령에 따라 법원 조직을 해체하는 것에 반대하기에 이르렀다. 이처럼 거리로 몰려나와 '우리we'를 내세우는 이들은 누구인가? 때로는 말과 행동과 몸짓으로 자신을 주장하고, 더 흔하게는 공적 공간에 함께 모여 자신을 주장함으로써, 보이고, 들리고, 만져지고, 드러나고, 끈덕지게, 상호의존적인 집단을 형성한 이 일군의 '우리'는 누구인가? '우리, 인민we, the people'을 인민 주권으로 강화시켜주는 이 발화 행위는 그런 집회에서부터 태어난 것이라고 흔히 생각하겠지만, 사실 그런 집회 자체가 이미 발화이며, 인민 주권을 실행하고 있다고 말하는 편이 조금 더 적절할 것이다. 여기서 언어로 말해진 '우리'는 한 무리의 몸들, 몸짓과 움직임, 발성vocalization을 통해 이미 실행되고 있다. 한나 아렌트를 인용하자면 그것은 일제히 행동하는 한 방식이다.

집회의 자유를 행사할 권리는 종종 결사의 자유로 이해되었으며 이제 국제법상에서도 그에 관한 자료들은 상당히 많다.[1] 국제노동기구ILO는 집회의 자유(혹은 결사의 권리)를 단체협상의 권리와 연계된 것이라고 분명히 밝히고 있다.[2] 인권 담론에서도 '집회의 자유'는 가장 기본적인 권리의 한 형태로서, 어떤 간섭(무기한 감금이나 체포, 고문, 학대, 실종을 자행하는 경찰력의 사용과 사법권의 사용)도 받지 아니하고 마땅히 보호받아야 할 권리로 기술되어 있다. 이런 권리는 국가의 보호권이 그런 집회로 인해 도전받게 되는 상황이나, 혹은 특정한 국가가 개입하겠다고 위협함으로써 전체 주민population이 더 이상 자유롭게 집회를 할 수 없는 상황에 좌우되지 않는다. 따라서 집회의 자유는 인권법을 포함하여 기존의 국내법이나 국제법에 의해 보호받을 수 있는 특별한 권리와 다르지 않다. 사실상 집회의 자유는 당연히 정치 그 자체의 전제 조건이다.

그렇다면 우리는 집회의 자유와 인민 주권에 관해 어떻게 생각해

---

1 유엔(UN)이 1948년 채택한 「세계인권선언」 제20조.

2 국제노동기구(ILO)는 평화로운 집회의 자유에 대한 권리가 단체협상과 참여, 그리고 국제노동기구의 회원이 되는 데 핵심임을 분명히 밝히고 있다. Tajman and Curtis, *Freedom of Association: A User's Guide, Standards, Principles, and Procedures of the International Labour Organization*, Geneva: International labour Information, 2000, p. 6를 볼 것.

야 하는가? 선출된 관리들은 다수 주민에 의해 선출됨으로써 인민 주권(혹은 더 세밀하게 표현하자면 '인민 의지')을 대표하는 것으로 간주되지만, 그렇다고 하여 선출과정이 인민 주권을 흠잡을 데 없이 완벽하게 구현한다는 의미는 아니다. 혹은 선거를 통해 선출된 대표에게 인민 주권이 완전히 이양된다는 의미도 아니다. 전체 주민populace은 선출된 대표와는 여전히 별개로 남아 있고, 선출된 관리의 행위뿐만 아니라 선거의 조건과 결과를 놓고 경합할 수 있다. 따라서 투표의 경우 '인민 주권'은 분명히 선출된 권력으로 이전되지만, 완전히 이전되는 것은 결코 아니다. 인민 주권에는 완전히 이전되지 않는 부분이 남아 있는데, 왜냐하면 인민 주권은 정권을 선출할 수도 있지만 동시에 그것을 퇴진시킬 수도 있기 때문이다. 인민 주권은 의회 권력 형태를 합법화할 수 있는 만큼이나, 또한 그것을 비합법화할 수 있는 권력으로 남아 있다. 의회의 권력 형태가 인민 주권을 요구한다면, 그런 권력 형태는 인민 주권을 두려워할 것 또한 분명하다. 왜냐하면 인민 주권에는 자신이 제정한 모든 의회 형태에 반대하고 그것을 넘어서는 무엇이 있기 때문이다. 심지어 선거로 선출된 정권마저 '인민의 이름으로' 말하는 인민 집회에 의해서, 민주주의적 통치의 조건 아래 합법적 권력을 궁극적으로 쥐고 있는 바로 그 '우리'를 실행하는 자들에 의해서, 전복되거나 중단될 수 있기 때문이다. 달리 말해, 민주주의적 통치의 조건은 궁극적으로는 인민 주권의 행사에 바탕하고 있기 때문에, 그것은 어떤 민주주의적 질서에 의해서도 결코 완전히 포섭될 수 없다. 인민 주권은 그

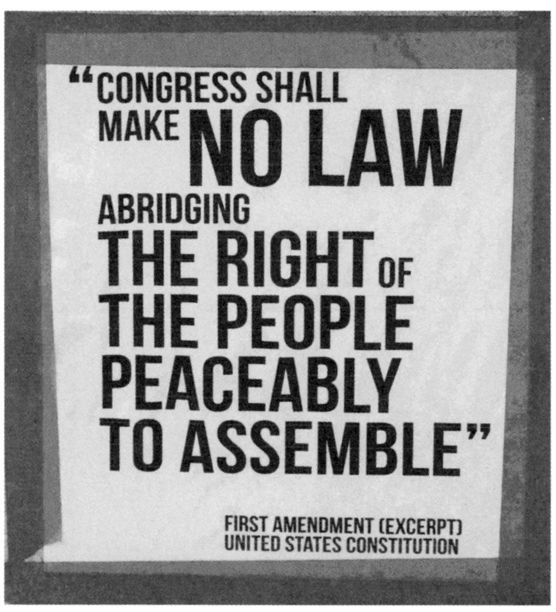

2011년 오클랜드에서 열린 점령하라 집회 중 의회에 집회의 자유를 보장할 것을 요구하는 포스터. ©Mercurywoodrose/Wikipedia

것이 없으면 어떤 의회도 작동할 수 없는 초과-의회 권력이자, 모든 의회를 마비시키거나 심지어 해산시킬 수 있는 것으로 이해될 수 있다. 우리는 그것을 민주주의적인 질서 내부에서의 '무정부주의' 에너지, 혹은 영구 혁명의 원칙이라고 부를 수도 있다. 어느 경우든지 간에, 인민 주권은 모여들었고 모여들고 있는 사람들의 무리에 근거하고 있는바, 그들의 행동은 효과적으로 자기 자신을 '인민'으로 구성하게 된다.

물론 '인민'으로 대표되는 가능한 모든 사람들이 전부 나타나서 자신들이 인민이라고 주장하는 경우는 현실적으로 불가능하다! 그러므로 알다시피 '우리, 인민'은 언제나 그것의 구성적 외부를 가진다. 이렇게 본다면 이 '우리'가 공평하고 충분하게 모든 인민을 대표하는 것은 분명 아니며, 보다 더 포괄적인 목적을 추구한다 할지라도 그 점은 마찬가지다. 사실상 '우리'는 '인민'이다를 주장하면서 모여든 사람들은 인민을 대표하는 것이 아니라, 선거를 통해 인민을 대표하게 된 사람들에게 합법적인 근거를 제공하는 사람들이다. 바로 그 '우리'인 인민들은 자기 스스로를 대표하는 것과 다르지 않다. 그들은 자기 자신을 인민으로 구성하는바, 이런 자기 형성적self-making 혹은 자기 구성적 행위는 어떤 대표 형식과도 같은 것이 아니다. 이처럼 비대표적non-representative이고 거의 동어반복적인 어떤 것이 민주주의적 정부의 토대가 된다. 이렇게 볼 때 인민 주권은 자기 지시적인 행위를 통해 인민을 구성하는 한 방식이다. 이처럼 자기 지시적이고 자기 구성적인 행위가 스스로를 인민이라고 분명히 밝히는 집단을 형성한다. 인민 주권은 따라서 재귀적인 자기 형성의 한 형태로서, 자신들이 합법성을 부여했던 바로 그 대의 정권과는 분리된다. 인민 주권이 어떤 특정한 정권과도 분리되어 독립적으로 존재하지 않는 한, 이런 합법화 작업은 이뤄질 수 없다. 그렇다면 어떤 의미에서 인민 주권은 수행적 실천이 될 수 있는가?

'우리, 인민'은 무엇보다도 우선 자기 지시적, 자기 구성적인 발화 행위처럼 보인다. 어떤 사람이 다른 사람들과 더불어 '우리'라고 말하거나 혹은 어떤 집단이 함께 그 말을 하게 되면, 바로 그 순간 그들은 자기 스스로를 '인민'으로 구성하려는 것이다. 발화 행위를 그렇게 간주한다면, '우리, 인민'은 자신이 명명한 사회적 다수social plurality를 구성하는 언술enunciation이다. 그것은 사회적 다수를 기술하는 것이 아니라 자기가 말한 사회적 다수를 탄생시키려는 것이다. 따라서 '우리, 인민'이라는 표현에는 자동 발생적인 언어적 형식이 작동하고 있는 것처럼 보인다. 그것은 다소 마법적인 행동처럼 보이거나 혹은 적어도 수행적인 것의 마법적인 성격을 믿도록 강제하는 행동처럼 보인다.[3] 물론 '우리, 인민'은 욕구와 욕망, 혹은 의도적 행동과 정치적 주장에 대한 장구한 선언을 시작하는 것이다. 우리, 인민은 하나의 서문이며, 따라서 여러 가지 세부적인 주장에 따른 방법을 예비하는 것이다. 우리, 인

---

3 *Bourdieu: A Critical Reader*, ed., Richard Shuterman(London: Basil Blackwell, 1999)에 실린 내 논문 "Performativity's Social Magic"을 볼 것.

월스트리트에서 열린 점령하라 운동 집회. ©David Shankbone/Wikipedia

민은 실질적인 정치적 주장을 예비하도록 해주는 어구이지만 이 책에서 우리는 그 문장을 이런 식으로 시작하는 것을 잠시 멈추고, 어떤 정치적 주장이 이미 만들어졌거나 혹은 만들어지는 과정에 있는지를 묻고자 한다. '우리, 인민'이라고 말할 수 있는 모든 사람이 그 어구를 동시에 일제히 외치는 것은 아마도 불가능하다. 어쨌거나 모여든 집단이 '우리, 인민'이라고 소리 높여 외친다면, 점령하라Occupy 운동 집회에서처럼 그런 일이 때때로 일어난다면, 그것은 짧고도 일시적인 순간이다. 그것은 어떤 한 사람이 남들과 동시에 말하는 순간이며, 의도치 않은 다수의 목소리가 일치된 다수의 행동으로 일어나는 순간이며, 다 함께 외친 발화 행위가 발생하는 순간이다.

하지만 말 그대로 다 함께 외치는 그런 순간, 자신들을 '인민'이라고 스스로 명명하는 그런 순간이 한꺼번에 복수적으로 일어나는 일은 극히 드물다는 점은 인정해야 한다. 미국에서 '우리, 인민'의 선언은 결국 인용이며, 우리 인민이라는 이 어구가 인용 가능성으로부터 완전히 자유로웠던 적은 결코 없다. 미국독립선언은 보다 일반적인 인민을 위해서 말할 수 있도록 선언문 작성자들에게 권위를 부여해주는 그런 어구와 더불어 시작한다. 인민 주권은 자신에게 부여할 수 있고(동의), 자신에게서 철회할 수 있는(반체제 혹은 혁명) 것이므로, 강압이 아닌 어떤 합법성에 기초하고 싶은 모든 정권은 주어진 인민 주권에 의존하게 된다는 뜻이다.

발화 행위는 제때가 있지만, 그럼에도 불구하고 인용의 연쇄 고

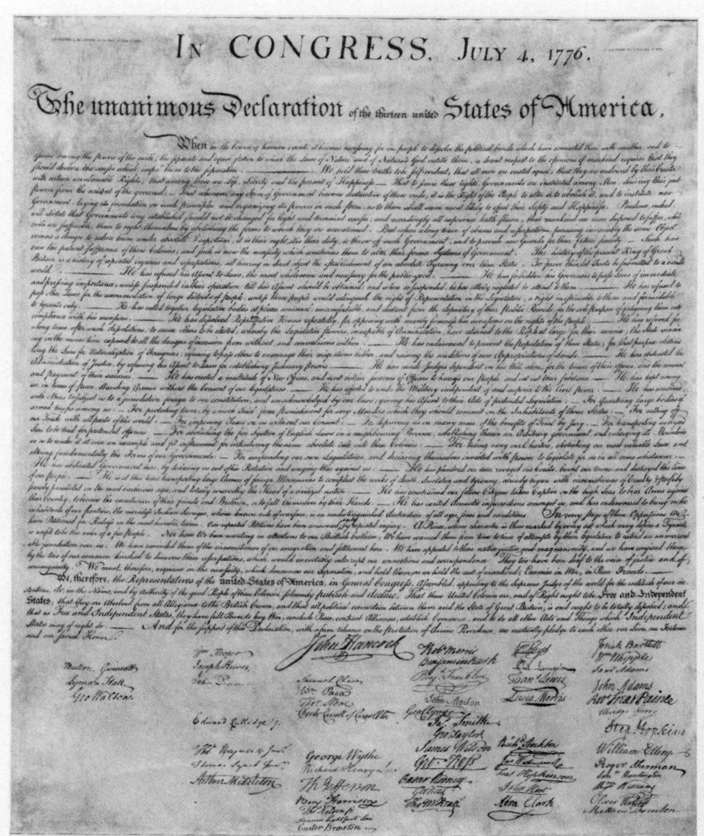
IN CONGRESS, JULY 4, 1776.

The unanimous Declaration of the thirteen united States of America,

미국에서 '우리, 인민'의 선언은 결국 인용이며, 우리 인민이라는 이 어구가 인용 가능성으로부터 완전히 자유로웠던 적은 결코 없다. 미국독립선언은 보다 일반적인 인민을 위해서 말할 수 있도록 선언문 작성자들에게 권위를 부여해주는 그런 어구와 더불어 시작한다.

리에 삽입된다. 발화 행위가 일어나는 시간적인 조건은 언술이라는 순간적 계기occasion에 선행하고 그것을 초과한다는 뜻이다. 또 다른 이유로, 발화 행위가 아무리 언술 내적인illocutionary 것이라 할지라도 언술의 순간에 완전히 구속받지 않는다. 발화utterance에 의해 지시되고 생산되는 다수가 말하는 그 순간에 전부 한자리에 모일 수 없으므로, 그것은 공간적으로나 시간적으로나 확장된 현상이다. 인민 주권 — 자기입법적self-legislative인 인민의 힘 — 이 언제, 어떤 곳에서 선언될 때, 혹은 오히려 '스스로 선언할 때', 그것은 정확히 한순간에 선언된다기보다는 일련의 발화 행위를 통해, 혹은 오히려 수행적인 실행performative enactment을 통해 선언된다. 우리는 대중집회에서 모든 사람이 한 목소리로 말하는 장면을 가정할 수 있지만, 사실 그런 장면은 추상적이면서도 다소 [illegible]운 것일 수 있다. 왜냐하면 그런 장면은 파시스트 행진이나 그와 유사한 형태의 군사 행진과 군가를 연상시키는 획일화(글라이히샬퉁, Gleichschaltung) 현상일 수 있기 때문이다. '우리, 인민'은 통일성을 전제하거나 통일된 것이 아니라, 누가 인민이며, 인민이 원하는 것은 무엇인지를 찾아내거나 토론을 제기하는 것이다.

나는 인민 주권이 주장된다고 하여 모든 사람이 다른 모든 사람들과 정확히 동일한 방식으로 말하고자 하는 것은 아니라는 점을 인정한다. 심지어 똑같은 단어를 '말한다' 하더라도(합의된 복수적 표현과 같은 사상에 사용될 수 있는 언어는 어떤 것인가? 어떤 형태의 헤게모니가 그런 언어를 결정할 수 있는가?) 그 점은 마찬가지다. 하지만 '우리, 인민'은 인민 주권의 형식을 상징적으로 받아들이는 어구이며, 이때 인민 주권은 인민 스스로 다수의 정치적 형식 속으로 자신을 불러 모으고, 스스로 명명하기 위해 함께 모일 수 있고 함께 행동할 수 있다고 가정하는 것이다. 이것은 그들 모두가 서로 간에 동의한다는 뜻이 아니라, 다만 자기 형성 과정이 집단적이거나 공유된 것으로 이해한다는 뜻이다. 누군가가 '우리, 인민'을 작동시키려 할 때, 우리는 누가 그것을 말하는지, 그들이 그 말을 할 권리가 있는지, 바로 그렇게 말함으로써 그들의 발화 행위가 효과적일 수 있는지, 그렇게 말함으로써 인민들을 모이게 할 수 있는지 살펴보게 된다. 우리, 인민이라는 표현은 우리에게 누가 인민인지 말해주지 않는다. 하지만 그것은 누가 인민이며 누가 인민의 자리를 차지하게 되는지, 논쟁을 통해 자기 구성self-constitution 형태를 표시하는 것이다.

J. L. 오스틴에 따르면, '우리, 인민'은 발화되는 순간에 대상(자체)을 구성하는 언술 내적 행위illocutionary speech act로 간주된다.[4] 하지만 인용구로서 '우리, 인민'은 사실상 되풀이하여 반복됨으로써 구성되는 것이며, 언제나 부분적인 것이라고 나는 말하고 싶다. 말하자면 그것은 일군의 혹은 일련의 수행적 행위를 통해 언제나 부분적으로만 구성되는 것이다. 그런 수행적 행위가 자기 지시성과 동시적이고 복수적인

4 J. L. Austin, *How to Do Things with Words*, eds. J. O. Rumson and Martin Sbisa(Cambridge: Harvard University Press, 1962), Lecture IX.

형태로 반드시 드러나는 것은 아니다. 아마도 알게 될 테지만, '우리, 인민'은 발화 행위, 즉 언술 내적 수행성이 드러내는 마법적인 힘을 암묵적으로 비판하도록 해주는 어구이다. 그 어구는 스스로 말해지는 경우는 거의 없고, 다른 행동을 통해 말한다. 만약 어떤 집단이 '우리, 인민'을 선언하기 위해서 특정한 장소, 즉 공공 광장이나 그와 유사한 공적인 장소에 무엇보다 우선적으로 모여야 한다고 상상한다면, **우리는 모이고 다시 모이는 행위 자체가 '우리, 인민'이라는 어구를 이미 작동시키고 있다는 점을 깨닫지 못한 것이다**. 달리 말하자면, 그런 모임은 특정한 발화 행위에 앞선 것이자 그런 발화 행위와 무관한 것일지라도, 그런 모임 자체가 이미 수행적인 정치적 행위가 된다. 그런 개념이 암시하는 바에 따르면, 다수임을 주장하려고 함께 모여든 사람들은 이미 자기 지시성에 참여하는 것이며 다수 주권을 행사하는 것이고 그런 주권을 지지하거나 철회하는 것이자, 자신이 합법성을 부여해준 바로 그 정권으로부터 독립적이라고 선언하는 것이다. 이렇게 본다면 수행성은 선출권의 외부에 있는 것임과 동시에 선출권을 합법화하는 것이다. 어떤 시공간에 함께 도착한 사람들에 의해, 혹은 다양한 시공간의 연결 회로를 통해 도착한 사람들에 의해 실행되는 정치적 수행성은 '하나의 인민'으로 자신을 구성하기 위해 반드시 한 목소리로 말하거나 똑같은 언어로 말할 필요조차 없다. 그들이 모여들었다가 흩어지고 흩어졌다가 다시 모여들 때, 수행성은 더 이상 때맞춘 '행동'이거나, 더 이상 고립된 언술의 순간이 아니다(언술이 때로는 그런 형식을 취하는 것은 분명함에도 말이다). 그리하여 우리에게 다음과 같은 질문이 남게 된다. 그렇다면 **'우리, 인민'을 선언하는 이 발화 행위는 결국 발화 속에서 일어나는 것이 아니라, 단일한 행동이 아닌 것으로 드러난다는 것인가?**

인민 주권은 수행적 실천일 뿐만 아니라 몸들(사람들)의 수행적 실행과 반드시 연관된 것임을 보여주기 위해, 나는 수행적 실행으로서 몸들(사람들)의 모임에 관해 숙고해보고자 한다. 첫째, 나는 '우리, 인민'이 확보하고자 하는 인민 주권 사상을 이해해야 할 필요가 있다고 제안한다. 데리다가 분석했던 것처럼 미국 '독립선언문'에는 그 문장이 전개됨에 따라 초래될 일종의 걸림돌이 이미 존재한다.[5] 만약, '우리, 인민이 자명한 진리의 집합이라고 선언'하는 순간, 우리는 이미 곤경에 처하게 된다. 왜냐하면 수행적 선언은 진리가 탄생하도록 추구하기 때문이다. 하지만 그것이 자명한 진리라면, 다름 아닌 그런 종류의 진리는 탄생할 필요가 전혀 없는 것이다. 그것이 수행적으로 유도된 것이든 아니면 자명한 것이든지 간에, 이미 자명한 것을 다시 존재하도록 하는 것은 모순처럼 보인다. 우리는 일련의 진리가 태어나는 중이라고 말할 수 있다. 아니면 그런 형태의 진리는 어딘가에서 발견되었으므로

---

5 Jacques Derrida, "Declarations of Independence", translated by I. Keenan and T. Pepper. *New Political Science* 15(Summer 1986), pp. 3-19을 보라. 또한 Margaret Canovan, *The People*, Cambridge: Polity, 2005; Etienne Balibar, *We, the People of Europe? Reflection on Transnational Citizenship*, tr. James Swenson, Princeton University Press, 2004; Jason Frank, *Constituent Moments: Enacting the People in Postrevolutionary America*, Durham: Duke University Press, 2010도 함께 참고할 것.

우리가 그것을 탄생시키지 않았다고 말할 수는 있다. 혹은 문제가 되는 이런 진리는 그것의 자명성이 알려져야 하므로 자명한 것으로 선언되어야 한다고 말할 수는 있다. 달리 말하자면, 그런 진리는 자명한 것으로 만들어져야 하므로, 따라서 그것은 자명한 것이 아니라는 뜻이다. 이런 순환 논리는 모순이거나 동어반복일 소지가 다분한 것처럼 보이지만, 진리는 선언되는 방식에 따라 오직 자명해지는 것일 수 있다. 환언하자면, 진리의 수행적 실행이야말로 그런 진리를 자명하게 만드는 방식이다. 왜냐하면 문제의 진리는 미리 주어진 것도 아니고, 정태적인 것도 아니다. 그것은 특정한 형태의 다수적 행동을 통해 실현되거나 실천되는 것이기 때문이다. 인민 주권을 주장할 때 다수로 행동할 수 있는 바로 이 능력이 관건이라고 한다면, 우리가 자기 구성적이라고 이름 붙인 어김없이 갈등하는 다수적 실행 너머에 자리한 그런 진리를 '보여줄' 방법은 없다.

복수적인 주체가 수행적 행위의 과정에서 구성되는 것이라고 한다면, 그렇다면 그것은 이미 구성된 것이 아니다. 이 말은 수행적 실천 이전의 형태가 어떤 것이든지 간에, 그것은 행동으로 드러난 형태와 동일한 것이 될 수 없으며 그런 행동을 취한 이후의 것과도 결코 같을 수 없다는 뜻이다. 이 '우리'는 특정한 집회에 영향을 미친다. 그와 동시에, 특정한 시공간에 배치된 형태로 사람들이 모여들 때에만 이 '우리'는 존재하게 된다. 심지어 우리라고 명백히 말해지지 않는다 할지라도 그렇다. 이와 같은 무리의 움직임은 한시적이고, 간헐적이고, 주기적이고, 해산이라는 명백한 한계가 있으므로, 우리는 이것을 어떻게 이해해야 하는가? 그것은 하나의 행동이 아니라 서로 다른 형태의 행동들이 수렴되는 것이며, 순응주의로 치부할 수 없는 정치적 집단성sociality의 한 형태이다. 군중은 함께 말을 할 때마저도, 다른 사람의 목소리를 들을 수 있을 만큼 가까이 있어야 하고, 자신의 발언에 보조를 맞춰야 하고, 리듬과 조화를 충분히 이뤄야 한다. 의미 있는 행동이나 발화 행위를 할 수 있는 몸들과 청각적으로, 신체적으로 관계 맺어야 한다. 우리는 **지금이다**라고 말하면서 **지금** 멈추기 시작한다. 우리는 **지금 당장** 움직이기 시작하거나 혹은 어느 정도 주어진 시간 내에서 움직이기 시작하지만, 하나의 유기체처럼 움직이는 것은 분명히 아니다. 우리는 한꺼번에 멈추려고 하지만 일부는 계속 움직이고 일부는 각자의 보조에 따라 움직이고 휴식한다. 시간적인 연속성과 협력, 신체적인 근접성, 청각적인 범위, 결집된 발언 등, 이 모든 요소는 집회와 시위에서 근본적인 차원이 된다. 이 모든 것은 '우리, 인민'이라고 말하는 발화 행위에 전제된 것이며, 언술의 **계기**를 구성하는 복합적인 요소들이다.

몸은 언제나 이런 계기의 일부였다. 언술 내적 행위가 언술의 계기에 영향을 미친다는 점은 기억하도록 하자. 이것은 언술이 그 자체로 하나의 계기라는 의미가 아니다. 왜냐하면 어떤 언술이든 공간적·시간적·감각적인 장場들의 특별한 수렴을 전제하기 때문이다. 실제로 '우리, 인민'으로 발화된 계기는 체현되고 복수적인 정치적 집단성을 전제한다. 발화 행위가 **순전히** 언어적인 것으로 생각하거나 그런 것처럼 행동했을 때마저도, 그것은 목과 입, 호흡, 주어진 방식에 어울리는 신체 조직, 한정된 청각적 장, 근접성의 지대를 요구하는 발성 모델에 의존하기 때문에, 몸들은 듣거나 보거나 느낄 수 있을 만큼 가까이 있어야 한다. 무엇인가를 함께 행하고 말하려면 각자가 행하고 말하고 있었던 것을 어떤 식으로든 듣거나 보거나 느낄 수 있을 만큼 가까이 있어야 한다. 발화 그 자체가 운동이며, '운동'은 두 가지 기본적인 감각, 즉 신체적 기동성과 정치적 조직화를 통해 실행된다.

육체적·정치적 운동이 아닌 것으로서 '우리, 인민'을 형성하는 어떤 발화 행위가 있는가? 그런 발화 행위는 언제나 정치체body politic를 전제하고, 결집시키고, 실행하는가? 만약 우리가 발성을 그런 발화 행위의 모델로 간주한다면, 우리는 몸이 발화 기관, 즉 유기적인 조건임과 동시에 발화의 도구라는 점을 한편으로 분명히 전제하는 것이다. 몸은 그것이 말하는 순수한 사유로 변형되는 것이 아니라 언어화verbalization를 위한 신체 기관적 조건을 의미하는 것이다. 만약 발화가 목소리로 발성된 발화 행위로 엄격하게 개념화된다면, 발화 기관 없이는 어떤 발화도 있을 수 없다. 발성 기관이 없는 발화 행위는 있을 수 없다는 뜻이다. 하지만 발화의 신체 기관적인 차원은 발화를 위하여, 발화로 인해 형성된 주장에 어떤 영향을 미치는가? 발화가 의식을 그대로 반영한다고 가정한다면, 특히 발화자의 '의도'를 그대로 반영한다고 가정한다면, 의도는 발화에 의해 재현된 인지적 순간이며, 그다음 차례로 발화는 앞서 일어났던 인지적 내용과 일치하는 것으로 이해된다. 쇼사나 펠먼Shoshana Felman은 『말하는 몸의 스캔들The Scandal of the Speaking Body』에서 이 점을 분명히 밝혔다. 신체 기관을 사용하지 않는 발화란 그야말로 불가능하기 때문에, 심지어 순전히 인지적인 의도를 전달하려는 발화 행위마저 신체 기관적인 몸에서 벗어날 수 없다. 발화에서 행해진 그야말로 가장 이상적인 의도마저 신체 기관적 조건의 사용 없이는 불가능하다.

그러므로 신체 행위와 분리된 순전히 언어적인 발화가 없는 것이나 마찬가지로, 신체기관적 조건 자체를 없애버린 순전히 개념적인 사유의 순간 또한 없다. 이것은 '우리, 인민'이라는 말이 무슨 의미인지 우리에게 말해준다. 왜냐하면 그 말이 텍스트에 적혀 있든 아니면 거리에서 말해지든지 간에, 그것은 스스로를 지시하고 형성하는 과정 중에 있는 행위로서의 집회를 지칭하는 것이다. 그것은 행동함으로써 자신을 실현하는 것이다. 다수를 구성하는 신체적 조건은 발화의 계기를 출현시키는지 아닌지의 지표가 된다. 복수적이고 역동적인 신체적 조건은 그런 계기의 구성적 차원이 된다.

우리는 다음과 같이 덧붙일 수 있다. '신체 기관'은 그것이 전달하고자 하는 개념적 의도나 마찬가지로 순수하지 않다. 왜냐하면 신체 기관은 언제나 특정한 방식으로 조직되며, 고립된 이런 실체, 저런 실체에 속하는 것이 아니라, 사회적 의미를 구성하는 일군의 관계들, 제스처, 움직임에 속하기 때문이다. 그렇다면 발화를 구성하고 조건 짓는 다른 종류의 육체적 행동과 비非행동, 제스처, 움직임, 그리고 협력과 조직화의 양태 등은 엄격한 의미에서 더 이상 발성으로 이해될 수 없다는 것인가? 노래하고, 찬송하고, 선언하고, 북이나 주전자를 두드리거나 독방이나 분리의 장벽에 저항하기 위해 발을 구르는 것이나 마찬가지로 소리는 다함께 의미를 전달하려는 여러 방식 중 하나일 뿐이다. 이런 종류의 모든 행위가 어떻게 신체 기관적이고 정치적인 것의 또 다른 의미를 지칭하는 방식으로 '말하는가?' 그런 행위가 집회 자체를 구성하는 수행적 실행으로 간주될 수 있는가?

'우리, 인민'의 수행적 실행은 바로 그 특정한 어구를 발음하기에 앞서 일어난다. 이 어구는 말해지기에 앞서, 심지어 말하기도 전에 체현되며, 체현된 채로 남아 있다. 이 어구는 자신의 체현과 동떨어진 것으로 간주될 수 없다. 비록 '우리, 인민'이 일련의 행동이며 그로 인해 특정한 종류의 집회가 자신을 시공간 속에서 지칭하고 형성시키는 것이라 할지라도, 그것은 또한 정의와 평등이라는 특수한 요구에도 선행하는 것이다. 따라서 요구는 집회에 모인 사람들 자체가 인민으로 지칭되고 난 이후에 비로소 출현한다. 그와 같은 인민의 자기 형성은 인민의 이름으로 행해진 특정한 요구에 앞선다. '우리, 인민'이 다수성 속에서 인민이라는 체현되고 수행된 제도에 근거하여 분명히 요구하고 있음에도 불구하고 '우리, 인민'은 요구가 없는 수행적 실행이다.

체현된 인민의 특징은 그런 종류의 요구에 상당히 중요한 것으로 입증되고 있다. 예를 들어 부가 인구의 2퍼센트에게 집중되면, 점점 더 많은 사람들이 집을 잃고 직장을 잃게 된다. 그렇게 되면 계급의 노선을 따라 인민은 확연히 나눠지게 되고 경제력은 철저히 불공평한 방식으로 분배된다. 점점 더 불안정한 삶의 전망과 대면하면서, 사람들은 거리로 뛰쳐 나가 요구하기 시작한다. '우리, 인민'이라는 이름으로. 거리로 뛰쳐 나와서 말하는 그런 사람들은 자신을 '인민'으로 정체화하고 인민이라고 주장한다. 그들은 망각에 저항하고 있다. 그 어구는 이익을 챙기는 자들은 '인민'이 아니라는 의미가 아니다. 그렇다고 이 어구가 '우리 또한 인민이다'라는 단순한 의미를 반드시 포함하는 것도 아니다. 오히려 이것은 불평등의 증가에 맞서 평등을 주장하는 것이자, 단지 이 구절을 발화함으로써가 아니라 어느 정도까지 평등의 실현이 가능하다는 점을 몸소 보여줌으로써, 평등에 근거한 인민 집회의 구성이 가능하다고 주장하는 것이다. 혹자는 그들이 불평등의 한가운데서 불평등을 주장하고 있으므로, 이런 집회는 부질없고 쓸데없는 짓이라고 말할지도 모른다. 왜냐하면 이런 행동은 단지 상징적인 것일 따름이고, 천문학적인 빚더미와 고용의 전망이 닫혀버린 사람들에게 진정한 경제적 평등은 점점 더 그들 곁을 비껴갈 것이기 때문이라는 것이다. 하지만 집회를 매개로 한 평등의 구현, 상호의존성에 대한 주장, 공통으로 공유한 입장 등, 이 모든 것들은 어떤 지역에서는 급속히 사라지고 있는 평등을 이 세계에 실현하는 출발점처럼 보인다. 여기서 요점은 몸을 단지 정치적 주장을 위한 단순한 도구로 간주할 것이 아니라 이 몸과 몸의 다수성이 앞으로 모든 정치적 주장의 전제조건이 되도록 하는 것이다.

지난 세월 우리가 함께했던 거리의 정치에서, 점령하라 운동에서, 타흐리르 광장 집회에서, 마드리드의 푸에르토 델 솔 광장 등에서 보여준 거리의 정치에서, 몸이 요구하는 기본적인 필요조건은 정치적 동원mobilization에 핵심이 되고 있다. **실제로 그런 필요조건은 어떤 특정한 정치적 요구에 앞서 공개적으로 실행되는 것이다.** 우리는 그런 요구의 목록을 확실히 작성할 수 있었다. 몸은 음식과 주거지를 필요로 하고, 상처와 폭력으로부터 보호를 필요로 하며, 이동의 자유, 일할 자유, 보건 의료에 접근한 자유를 필요로 한다. 몸은 지원과 생존에 필수적인 다른 몸을 필요로 한다. 이런 몸은 나이가 몇 살인지, 성한 몸인지 아닌지 또한 관건이 된다. 온갖 형태의 의존에서 보다시피, 몸은 단지 다른 몸을 필요로 할 뿐만 아니라 복잡한 인간적, 기술적인 지원이 가능한 사회체계를 필요로 한다.

점점 더 많은 사람들의 육체적인 삶이 대단히 불안정한 것으로 드러난 세계에서, 몸들은 도로나 흙바닥에 함께 나타나기도 하고, 혹은 그들을 토지로부터 분리시키는 장벽을 따라 함께 모여든다. 이런 집회는 가상공간의 참가자들을 포함할 수 있지만, 그럼에도 여전히 다수의 몸들을 서로 연결시켜주는 특정한 장소를 염두에 둔다. 이런 방식으로 사람들은 그들이 살아가는 수단인 도로에, 지상에, 건축물에, 테크놀로지에 속하게 된다. 그럼으로써 우리는 몸을 지원하는 조건인 환경, 기계, 복합적인 사회적 상호의존성의 체계 없이는 몸에 관해 말할 수 없

거리의 정치. 타흐리르 광장과 푸에르토 델 솔 광장.
위: ©Jonathan Rashad/Wikipedia, 아래: ©Rafael Tovar/Wikipedia

게 된다. 이런 지원 체계가 없다면 어떤 몸도 번영은커녕 생존조차 할 수 없다. 삶의 조건으로서 이 사실은 실행되고 드러나고 있다. 삶의 조건은 점점 더 잊히도록 몰아가는 망각 상태로부터 벗어나고 있다. 그것은 여러 가지 다양한 정치적 문제제기를 하는 것처럼 보이지만, 다수인 몸들의 모임은 또 다시 인민을 배제시키려 드는 경찰력과 경제력의 형태를 분명히 보여주고 그것에 저항함으로써, 한 걸음 더 나아간 정치적 주장에 필요한 기본적 조건을 구축하는 것이다. 몸이 필요로 하는 모든 조건들을 전부 열거할 수 있다면, 오로지 그런 필요조건들만 실현되도록 투쟁해야 하는가? 혹은 삶이 살아볼 만한 것일 뿐만 아니라 번성하도록 투쟁해야 하는가?

사실 정치적 조건과 정치적으로 다양한 요구는 서로 구분 가능하다. 아렌트는 그 유명한 구절에서 정치의 행위자가 탄생하도록 해주는 '출현의 공간space of appearance'이 있어야 한다고 말한다. 하지만 그녀가 상상하지 못했던 것은 그것이 몸 자체의 지속적인 요구를 위한 출현의 공간일 수도 있었다는 점이다. 출현하는 몸은 발화에 알맞은 것일 뿐만 아니라 생존하기 위해, 일하기 위해, 살기 위해 요구되는 것들이 무엇인지 보여주는 것이다. 최근의 대중 집회에서 자신을 '인민'으로 명명하는 자들 때문에, 몸이 생존하는 데 필요한 기본적인 욕구로 관심이 쏠리고 있다. 생존은 우리가 요구하는 다른 모든 요구의 전제조건임이 틀림없기 때문이다. 생존은 정치의 목적이 아니라 정치의 전제조건이다. 우리는 그야말로 살기 위해 생존한다. 삶이 생존을 요구하는 것만큼이나 살 만한 삶이 되려면, 삶은 생존을 넘어 그 이상이 되어야 한다.[6] 따라서 이 기본인 조건으로부터 뒤따라 나온 요구는 — (살 만한 삶과 평등이 타협하는 곳에서) 똑같이 살 만한 것이라기보다 — 그야말로 살 만한 삶을 위한 것이다. 그렇다면 우리는 그런 삶에 대한 단일한 이상이나 획일화된 이상을 설정하지 않고 어떻게 살 만한 삶에 관해 생각할 수 있는가? 내 입장에서 보자면, 이것은 인간이란 진정 무엇이며, 마땅히 무엇이 되어야 하는가를 찾아내는 문제가 아니다. 왜냐하면 인간 또한 동물이며, 인간의 육체적 실존이 인간과 비인간을 망라한 지원 체계에 의존한다는 점은 명백해졌기 때문이다. 이런 맥락에서 나는 동료인 도나 해러웨이Donna Haraway의 주장에 동의한다. 해러웨이는 육체적인 삶을 구성하는 복잡한 관계성에 관해 숙고하면서 인간에 대한 이상적인 형태를 요구할 것이 아니라, 그것이 없다면 도무지 존재할 수조차 없는 육체적인 관계와 상호의존성에 관한 좀 더 복합적인 이해가 필요하다고 주장한다.[7]

몸은 고정된 범주를 가진 별개의 실체일 뿐만 아니라 음식, 주거지, 섹슈얼리티, 외모, 기동성, 청각성, 시각성과 맺는 일련의 관계이다.

6 내가 쓴 "Introduction: Precarious Life Grievable Life," *Frames of War: When is Life Grievable?*, London: Verso Press, 2009를 보라.

7 도나 해러웨이가 *Simians, Cyborgs, and Women*(Routledge, 1991)[『유인원, 사이보그, 그리고 여자』, 민경숙 옮김, 동문선, 2002]와 *The Companion Species Manifesto*(Prickly Paradigm Press, 2003)에서 보여준 복잡한 관계들에 대한 견해를 보라.

이 몸은 육체적인 삶의 지속 여부를 어느 정도 결정해주는 일련의 사회적 관계와 제도적 형식에 착근되어 있거나 혹은 탈착근될 수 있다. 우리의 몸은 타인의 몸이 없으면 사실상 존재할 수 없다. 그런데 자아와 타자의 프레임이 함축된 '이자二者' 관계는 인민을 구성하는 몸들의 다수성을 제대로 이해할 수 없다. 마지막으로, 이 몸으로 체현된 인민들의 취약성과 행위성은 그들의 환경, 테크놀로지, 집합성, 권력의 접근성에 의해 제약받는다는 점을 우리는 어떻게 이해해야 하는가?

비록 거리로 몰려들어 행동하는 몸들이 강력하게 부상하는 다중을 구성하며, 이 다중 자체가 급진적인 민주적 사건이나 행위라고 장차 말하게 될 사람이 있다 할지라도, 나는 그런 입장에 부분적으로만 동의한다. 인민이 기존의 권력을 부수고 나올 때, 그들은 인민 의지를 실행하는 것이다. 그것이 인민 의지가 확실하다고 할지라도, 우리는 누가 권력을 부수고 있으며 어디서 부수고 있는지, 누가 그것을 부수지 않는지, 그들은 어디에 있는지를 분명히 알고 싶어할 것이다. 결국 온갖 형태로 쏟아져 나와 시위하는 다중을 나는 인정하고 싶지는 않다. (모여들 수 있는 다중의 권리에 왈가왈부하고 싶지는 않다). 그들 중에는 인종차별주의자, 파시스트 무리들, 폭력적인 반의회주의 대중 운동 형태들이 포함될 수도 있다. 나는 집단적 행동에 속하는 것처럼 보이는 시위하는 다중의 활력이나 혹은 발생 초기의 가망성이 엿보이는 생명력에 관심을 갖기보다는, 높아져가는 불안정성과 대면하면서 살아볼 만한 삶의 지속가능한 조건을 확립하는 투쟁에 합류하는 데 훨씬 더 관심이 있다. 정치의 궁극적인 목표는 단순히 함께 몰려들어 시위하는 데 있는 것이 아니라(심지어 이런 단위의 시위마저도 불안정성과의 광범한 투쟁에서 정동의 강도를 지닌 본질적인 순간일 수 있다), 급진적인 민주적 변화 — 내가 인정하는 그런 변화 — 를 이끌어낼 목적으로 새로운 '인민'의 의미를 구성하는 데 있다. 하지만 모든 사람들에게 살 만한 삶이 조금 더 지속 가능하도록 세상의 관심을 이끌어내고 변화시키는 데 시위는 중요한 방식이기도 하다.

결국에는 그런 집단을 함께 묶어줄 것들이 필요하다. 말하자면 특정한 요구사항, 삶의 불가능과 불의를 느꼈던 사람들, 변화 가능성에 대한 믿음을 함께하는 사람들이 있음으로써, 변화가 불평등을 지속시키고 확대하는 것에 저항할 수 있는 최소한의 연료가 되어야 한다. 전 지구적으로나 지역적으로 다수 인구에게 불안정성의 조건을 가중시키는 것에 저항함으로써, 민주화 과정과 대중 운동을 억압하는 권위주의적인 통제와 안보 차원의 통제 형태에 저항할 수 있어야 한다. 한편에서는 거리로 몰려나오는 사람이 있는가 하면, 온라인에 모여드는 사람도 있다. 특히 감옥에서처럼 눈에 잘 드러나지 않는 연대의 네트워크를 통해 모여드는 사람도 있다. 그들의 정치적 주장은 공적 공간에 직접적으로 출현할 수도 있고 아닐 수도 있는 연대의 형식을 통해 형성된다. 다른 한편에서는 언어, 행동, 제스처, 움직임을 통해, 서로 팔짱을 끼고, 움직이기를 거부함으로써, 경찰이나 정부 당국을 몸으로 저지하는 방해 공작을 통해 자신들의 주장을 공적으로 부각시키는 동원이 있다. 그런 순간은 대단히 노출된 공간으로 들어갔다 빠져나오는 것이며, 그런 운동이 직면하기 마련인 군대와 경찰의 위협과 작전에 달려 있다. 하지만 이 각각의 경우에, 우리는 이런 몸들이 다 함께 저항의 네트워크를 형성한다고 말할 수 있으며, 그런 몸들은 단지 저항의 적극적인 행위자일 뿐만 아니라 근본적인 지원을 필요로 한다는 점을 기억할 수 있다. 그와 마찬가지로 그런 몸들은 단지 지원을 필요로 하는 몸일 뿐만 아니라 저항할 수 있는 몸이기도 하다. 정치를 이런 의미로 생각하는 것은 다양한 형태의 저항을 실천하면서, 몸의 육체적 취약성과 몸의 동원을 위해 지원을 요구하고 요청할 때 마주치게 되는 여러 가지 곤경을 더불어 생각하는 것이다.

그런 운동이 작동하게 되면, 그것 자체가 살 만한 삶을 만들어나가는 **지속적인** 지원 형태에 관한 광범한 요구를 용이하게 해주고 **일시적인** 지원을 제공하게 된다. 이런 요구는 즉시 실행되고, 만들어지고, 소통되고, 구체화된다. 사람들은 자신들이 몸이라는 바로 그 사실을 보여주려고 모여든다. 이 세계에서 몸으로 지속한다는 것이 어떤 의미인지를 정치적으로 알리고, 몸이 생존하려면 어떤 요구가 충족되어야 하는지, 그리고 어떤 조건이 육체적인 삶을 가능하도록 하며, 우리가 가진 단 하나의 삶을 마침내 살아볼 만한 것으로 만드는 조건이 어떤 것인지 알려주게 된다.

우리는 전적으로 혹은 근본적으로 추상적 권리를 담지한 주체로서 거리에 나서는 것이 아니다. 우리에게 집회의 자유에 대한 권리가

타흐리르 광장에서 군 트럭에 올라 발언하는 사람들. ©Ramy Raoof/Wikipedia

있고, 우리 자신을 인민으로 구성할 권리가 있다면, 우리는 육체적 실천으로서 그렇게 행한다. 몸들의 실천은 당연히 진술될 수 있지만, 집회 자체가 이미 그런 진술에 해당하며, 누가 말하기 이전에 이미 함께 모여든 다수의 몸들로 인해 의미를 갖게 된다. 우리는 거리로 나간다. 왜냐하면 우리는 거리에서 걷고 움직일 필요가 있기 때문이다. 우리에게는 조성된 거리가 필요하기 때문이고, 우리가 휠체어를 타고 있든 아니든 간에, 우리는 그곳에서 움직일 수 있고, 방해받지 않고, 괴롭힘을 당하지 않고, 관리 구금당하지 않고, 다치거나 죽을 수 있다는 공포에 사로잡히지 않고, 그 공간을 지나갈 수 있어야 하기 때문이다. 우리가 거리에 나선다면, 그것은 우리에게 중요한 삶을 살아가기 위해, 그리고 지속적인 생존을 위해 물질적인 하부구조의 지원이 필요한 몸이기 때문이다. 이동성 자체는 분명히 몸 그 자체의 권리임과 동시에, 집회 자체의 권리를 포함하여 여타의 다른 권리를 행사하는 데 필요한 전제조건이다. 집회는 한편으로 가능한 어떤 권리의 조건임과 동시에 어떤 집회가 주장하는 특수한 권리이다. 이런 순환성은 모순적이라기보다는 정치적 다수성으로서 인민의 조건을 정초하는 것이다.

만약에 몸이 개념 정의상, 언제나 적극적으로 자기 구성 중이며 결코 구성되어진 것이 아니라고 한다면, 우리는 그 몸이 사회적·경제적 정의라는 이름 아래 자유롭게 활동하도록 해주는 조건을 위해 투쟁할 필요가 없었을 것이다. 왜냐하면 그런 투쟁은 몸들이 구속받고 구속할 수 있는 것으로 가정하기 때문이다. 육체적인 취약성의 조건은 높아지는 불안정성에 저항하려는 공적인 집회나 연합에서 잘 드러나게 된다. 그러므로 더욱 더 정치적인 저항뿐만 아니라 우리의 생존, 우리의 번영을 표시해줄 행동양식 사이의 관계를 이해하는 것이 점점 더 절실히 요청된다. 사실 적극적으로 거리에 나설 때마저도 우리는 이런저런 형태의 부상에 노출되고 취약할 수 있다. 이 점은 허가하지 않는 거리 집회에 나서는 사람들, 경찰이나 군대 혹은 무기를 소지하지 않은 여타의 보안군에게 맞서는 사람들, 성전환 공포증을 가진 사회에서 성전환자들, 시민권을 추구하려는 사람들을 범죄자로 만들려는 나라에서 증빙 서류가 없는 사람들에게는 특히 더 사실이다. 보호를 받지 못한 사람이라고 하여 반드시 '벌거벗은 생명'으로 환원되는 것은 분명히 아니다. 그와는 반대로, 보호의 박탈은 정치적인 노출의 한 형태이므로, 한편으로는 분명히 취약하고 심지어 파괴될 수도 있지만, 다른 한편으로는 잠재적으로 혹은 실질적으로 도전적이고, 혁명적인 힘이 될 수 있다. 함께 모여든 몸은 그들 자신을 '우리, 인민'으로 지칭하고 우리 인민을 형성하며, 다시 한번 육체적인 요청을 망각하게 만드는 추상적 형식을 표적으로 삼는다. 모습을 드러내는 것은 노출되는 것임과 동시에 저항하는 것이다. 우리는 바로 그 접속의 순간에 만들어진다는 뜻이다. 그렇게 만들어지는 순간에 우리는 우리의 요구에 필요한 몸을 노출하게 된다. 우리는 서로를 위해 서로와 더불어 그렇게 한다. 서로 사랑하거나 반드시 조화를 전제하지 않고서도 그렇게 한다. 그것이야말로 새로운 정치조직을 만드는 한 방식이다.

감각할 수 있게 만들기

조르주 디디 위베르만

조르주 디디 위베르만Georges Didi-Huberman

프랑스 생테티엔에서 태어났다. 오늘날 프랑스를 대표하는 미술사학자이자 철학자이며, 지금까지 30여 권의 저작을 프랑스에서 출판했고 그 가운데 다수가 이미 영어, 독일어, 스페인어, 일본어 등 여러 언어로 번역되었다. 리옹대학에서 미술사와 철학을 공부하면서 보로미니의 건축과 케플러의 타원천문학 사이의 관계에 대해 석사논문을 쓰고자 했으나 미술사가 다루는 주제가 아니라는 이유로 거부되었다. 결국 파리사회과학고등연구원(EHESS)으로 학교를 옮겨 1981년 「히스테리의 발명: 살페트리에르의 사진도상학」(Invention de l'hysterie: L'Iconographie photographique de la Salpetriere)이라는 논문으로 박사학위를 받았다. 로마의 빌라 메디치에서 연구원으로 재직했고 피렌체와 베네치아에서도 연구를 지속했다. 1990년부터 파리사회과학고등연구원에 재직하며 꾸준히 강의하고 있다. 그의 관심분야는 이탈리아 르네상스부터 현대미술과 사진, 영화에 이르기까지 광범위하며 그에게 영향을 준 사상가들로는 발터 벤야민, 아비 바르부르크, 조르주 바타유, 질 들뢰즈 등이 있다. 미술사를 위한 예술철학과 역사철학을 정립하려는 그의 노력은 '이미지'라는 개념으로 집약되며, 그에 따르면 이미지의 문제는 정치의 문제와 결코 분리될 수 없는 것이다. 더불어 전시기획자로도 활동하는 그는 '자국'(L'Empreinte), '아틀라스'(Atlas) 등을 주제로 삼아 여러 전시를 기획했다. 주요 저서로는 프라 안젤리코 연구서 『프라 안젤리코: 비유사성과 형상화』(1990), 이미지에 대한 고유한 사유를 개진한 『이미지 앞에서』(1990), 이미지의 역사철학을 구축하기 위해 '시대착오' 개념을 다각도에서 검토한 『시간 앞에서』(2000), 바르부르크에 대한 기념비적 연구서 『잔존하는 이미지』(2002), 아우슈비츠 수용소에서 간신히 건져낸 네 장의 사진을 분석하며 이미지의 정치학을 모색하는 『이미지, 그럼에도 불구하고』(2003) 등이 있다.

재현가능한 인민들, 상상적 인민들?

인민의 재현은 이중의 난제aporie까지는 아니라 하더라도, 이중의 어려움에 부딪친다. 그 이중의 어려움은 **재현**représentation[1]과 **인민**이라는 두 용어를 각각 하나의 개념이라는 단일성 안에 포섭하는 것이 불가능하다는 것에서 나온다. 한나 아렌트는 우리가 **인간**에 대해 말하려고 하는 한, 정치적 차원을 생각하는 데 결코 도달하지 못할 것이라고 말했다. 왜냐하면 정치는 바로 **인간들**이라는 다른 어떤 것에 관심을 갖기 때문이다. 인간들이라는 다수성은 갈등이든, 공동체이든, 각각의 경우에 다르게 변조된다.[2] 마찬가지로 우리는 우리가 **재현**이나 **이미지**에 대

---

1 [옮긴이] représentation은 표상, 재현 등으로 번역되면서 이미지, 영상 등의 의미를 함축하기도 하지만 동시에 대표, 대리 등으로 번역되면서 특히 정치적으로는 국회, 의회가 국민을 대표한다는 의미를 함축하기도 한다. 이 글은 représentation이 갖는 이 양가적 의미를 이용해 논리를 전개하고 있다. 여기에서는 représentation을 일관되게 재현이라 번역하고자 한다. 따라서 앞으로 재현이라 번역된 용어에 대해서는 이미지와 대표라는 두 가지 의미가 문맥에 따라 선택적으로 사용되고 있음을 염두에 두면서 글을 읽기 바란다.

2 H. Arendt, *Qu'est-ce que la politique?* (1950-1959), trad. S. Courtine-Denamy, Paris, Le Seuil, 1995 (éd. 2001), p. 39-43.

해 말하는 한, 윤리적 차원 — 또는 우리가 매 순간마다 반응하는 '감각적인 것 sensible'의 세계 — 을 생각하는 데 결코 도달하지 못할 것이라고 강력히 말해야 할 것이다. 즉, **이미지들**밖에 없다. 이미지들의 다수성 자체는 갈등이든, 묵인이든, 모든 종합에 저항한다.

그런 이유로 우리는 단순한 **인민**이란, 즉 단일성, 정체성, 총체성 또는 일반성으로서의 '인민'이란 간단히 말해 존재하지 않는다고 말할 수 있다. 어딘가에 아직 완전한 토착민이 있다고 가정해보자. 알다시피, 아마도 알려진 극단적 사례 중 하나는 1930년 한 탐험가 집단과 태초부터 세계와 단절된 채 지낸 뉴기니의 주민 사이의 첫 번째 상호작용을 기록한 〈첫 접촉〉(1983)이라는 다큐멘터리 영상 안에 있을 것이다.[3] '인민'은 존재하지 않는다. 왜냐하면 이렇게 고립된 경우에서조차도 산 자와 죽은 자, 육체와 정신, 부족 사람과 다른 사람들, 수컷과 암컷, 인간들과 그들의 신들 또는 그들의 동물들 등, 다수의 다른 인민들의 이질적 조합이 재현하는 최소한의 복잡성과 비순수함이 전제되기 때문이다. **하나의 인민**은 없다. 서로 다른 주민 집단들 사이는 물론이거니와, 결코 있을 수 없는 일이긴 하지만 우리가 최대한 상상할 수 있을 만큼 일관적인 단 하나의 주민 집단 내부 — 사회적 혹은 정신적 내부 — 에도, 공존하는 **인민들**만이 있다.[4] '인민'을 **동일성**이나 **일반성**으로

3 B. Connolly et R. Anderson, *First Contact*, 1983. F. Niney, *L'Epreuve du réel à l'écran. Essai sur le principe de réalité documentaire*, Bruxelles, De Boeck Université, 2000, p. 283를 참조.

밥 코놀리와 로빈 앤더슨의 다큐멘터리 〈첫 접촉〉(1983)의 한 장면.

실체화하는 것은 항상 가능하다. 그러나 전자는 인공적인 것으로, 모든 종류의 인민주의들에 대한 찬양으로 이어질 수밖에 없는 것이다.[5] 반면에 후자는 모든 '정치 과학'이나 역사 과학의 주요 난제처럼 발견될 수 없는 것이다.

피에르 로장발롱Pierre Rosanvallon이 프랑스의 민주주의적 재현에 대한 역사 연구의 제목을 '발견할 수 없는 인민'이라고 붙인 것은 놀랍지 않다.[6] 이 책은 시작부터 이미 "불편함malaise"을 강조한다. 즉, 민주주의 — 다시 말해 문자 그대로 "인민의 권력" — 의 불편함은 "정치적 선善"으로서의 그것의 지평의 명백함과 "정치적 환멸"[7]로서의 그것의 현실의 종종 파렴치하고 언어도단적인 미완수 사이에 걸쳐 있다. 다른 한편, 이 불편함 또는 우리의 민주주의 역사에 내재적인 이 '어두움'의 부분이 가장 필수적일 뿐 아니라 가장 까다로운 패러다임으로서의, **재현**의 문제로 전가되는 것은 매우 흥미로운 일이다. "재현의 문제는 바로 위임과 형상화라는 두 가지 의미를 중심으로 어려움들이 연결된다."[8]

---

4 나는 이 복수형 명사를 이미 다음의 책에서 합리화하려 시도했다. *Peuples exposés, peuples figurants. L'oeil de l'histoire, 4*, Paris, Les Editions de Minuit, 2012.

5 *Critique*, LXVIII, 2012, 특집호. 776-777 (≪Populismes≫) 참조.

6 P. Rosanvallon, *Le Peuple introuvable. Histoire de la représentation démocratique en France*, Paris, Gallimard, 1998 (éd. 2002).

7 *Ibid.*, p. 11.

8 *Ibid.*, p. 13.

그러나 민주주의를 주제로 다루는 피에르 로장발롱이 카를 슈미트Carl Schmitt를 즉각적으로 참조하면서만 재현의 이 변증법을 상기시키는 것은 이상한 — 게다가 염려스러운 — 일이다. 카를 슈미트에게서 실제로 **표상**Repräsentation이나 "상징적 형상화"로서의 정치적 재현과 **대표**Stellvertretung나 "위임"[9]으로서의 정치적 재현은 분명히 구별되어야 하는 것이다.

우리는 카를 슈미트가 군주 권력에 대한 노스탤지어를 갖고 있어서 민주주의적 위임에 맞서 상징적 형상화를 이용할 수밖에 없었다는 것을 안다. 카를 슈미트는 1928년 (그의 주저 중 한 권인) 『헌법이론Verfassungslehre』에서 이렇게 말한다. 재현은 "아무 존재 장르와도 가능한 것이 아니다. 그것은 존재의 특별한(예외적인) 양식을 전제한다. 죽은, 최소한의 가치나 아무런 가치를 갖지 않은, 천한 어떤 것은 재현될 수 없다. 그것에는 공적 존재로 고양될 수 있는, 실존을 가질 수 있는 상위 존재 양식이 없다. 위대함, 탁월함, 장엄함, 영광, 존엄 그리고 명예 같은 단어들은 재현될 수 있는 고양된 존재의 이 특별함(또는 예외적임)을 드러내려 한다."[10]

---

9 *Ibid.*, p. 13, 다음의 논문 참조. O. Beaud, ≪*Repräsentation et Stellvertretung* : sur une distinction de Carl Schmitt≫, *Droits. Revue française de théorie juridique*, n° 6, 1987, p. 11-20.

10 C. Schmitt, *Théorie de la Constitution* (1928), trad. L. Deroche, Paris, Presses universitaires de France, 1993, p. 347 (번역은 수정된 것임).

우리는 이런 시각 안에서 어떻게 '인민'이나 '인민들'이 이를테면 **재현될 수 있을** 것인지 알 수 없다. 알다시피 카를 슈미트는 인민이라는 개념을 그것의 부정성과 그것의 무능함 안에서 통일하려 했다. 즉, 그에게 인민은 **존재하지 않는다**. 인민은 이것이 아니고(예를 들어 사법관이나 행정부가 아니다) 저것이 아니다(예를 들어 온전한 의미에서의 정치적 행위자가 아니다). 그에 따르면 인민이 할 줄 아는 모든 것은 그에게 **지도자** Führertum로서, 최고의 '길잡이'로서 제시된 **권력의 재현**을 환호하는 것이다.[11] 피에르 로장발롱은 물론 카를 슈미트가 보여주는 '민주주의적 명백함'[12]에 대한 증오의 반대편에 서 있다. 그러나 그는 『정치 신학』의 저자가 **대표**와 **표상** 사이에 세운 분리적 모델의 수감자처럼 나타난다. 즉, 그는 아마도 그것의 위계를 역전시킨다. 이제 위임은 상징보다 더 상위이다. 그러나 이것은 인민들의 재현을 한 번 더 인민들 자신에게 맞서게 하기 위해서이다. 마치 **형상화된**figurés 인민들은 필연적으로 **상상적**imaginaires이 된 것처럼 말이다. 마치 이미지에 따를 수밖에 없는 인

---

11 *Ibid*., p. 218, 381, 419-420, etc. *Id*., *Etat, mouvement, peuple. L'organisation triadique de l'unité politique* (1933), trad. A. Pilleul, Paris, Editions Kimé, 1997, p. 48-63. 나는 아감벤이 카를 슈미트의 이 텍스트들을 사용한 것(Giorgio Agamben, *Le Regne et la gloire. Pour une généalogie théologique de l'économie et du gouvernement. Homo sacer, II, 2* [2007], trad. J. Gayraud et M. Rueff, Paris, Le Seuil, 2008)에 대해 다음의 책에서 논했다. *Survivance des lucioles*, Paris, Les Editions de Minuit, 2009, p. 77-97.[『반딧불의 잔존』, 김홍기 옮김, 길, 2012]

12 C. Schmitt, *Parlementarisme et démocratie* (1924-1931), trad. J.-L. Schlegel, Paris, Le Seuil, 1988을 참조.

민들은 반드시 환영적illusoires이 된 것처럼 말이다.

그래서 세 개의 '상상적 인민들'이 피에르 로장발롱의 눈에 나타난다. 우선, 여론이 "인민이 자신이 원하는 것과 생각하는 것을 알게 만드는 비조직적 방식"처럼(헤겔에 따르면), "환호의 근대적 형태"처럼(또한 번 카를 슈미트에 따르면) 규정될 때 나타나는 **의견-인민**opinion-peuple이 있다.[13] 다음, **국민-인민**nation-peuple이 있다. '인민주의적 찬양'은 이 국민-인민에 사로잡혀서 그것을 야만족에서부터 이민자까지 배제시키는 실행자로 만든다.[14] 마지막으로, **감정-인민**émotion-peuple이 있다. 이 안에서는 "근대적 대중들의 정체성에 대한 탐색이 비장한 양식으로 표명된다. 내용 면에서는 빈약한 이 감정의 공동체들은 어떤 단단한 관계도 맺지 않는다. 그들은 일시적 융합을 실현하게만 만들고 인간들 사이의 의무들은 내포하지 않는다. 그들은 어떤 장래도 약속하지 않는다. 옛날에 혁명의 사건-인민événement-peuple처럼 변화에 대한 약속이나 행동력을 구현하기는커녕 감정-인민은 역사에 기입되지 않는다. 그는 결여와 어려움의 덧없는 그림자일 뿐이다".[15]

아마도 피에르 로장발롱은 여기에서 무엇보다 우선 "경기장", "텔레비전 화면" 그리고 "잡지 기사들"을 겨냥할 것이다.[16] 그러나 이처럼

---

13 P. Rosanvallon, *Le Peuple introuvable*, *op. cit*., p. 440-441.

14 *Ibid*., p. 445-446.

15 *Ibid*., p. 447-448.

가혹한 진단을 받은 '감정-인민'이라는 그의 표현 자체는 **재현**이라는 세 번째 개념에 의해 연결된 **인민**과 **감정**이라는 두 개념들에 대해 영향을 미치지 않는 것은 아니다. 우리는 재현이 텔레비전 화면과 잡지 기사들의 인공적 감정들을 실어 나를 수 있다는 것을 잘 안다. 그것은 확실히 카를 슈미트가 1933년에 합류한 전체주의적 위대한 '길잡이들'을 실어 나를 수도 있을 것이다. 그러나 재현은 바로 인민과 같다. 즉, 그것은 다수이고 이질적이고 복잡한 어떤 것이다. 재현 — 우리는 니체와 바르부르크[17] 이래로 이것을 조금 더 정확히 안다 — 은 우리가 기호적 작동의 수준에서 '실신syncope'이라고 명명할 수 있을, 또는 보다 형이상학적이거나 인류학적 수준에서 증후적 '찢김'이라고 명명할 수 있을 적대적이거나 역설적인 구조적 효과들의 담지자이다.[18] 인민들과 그들의 감정들은 우리에게 따라서 철회 — 일반적 감각 세계에 대한, 그것의 고유한 발

16 *Ibid.*, p. 447.

17 [옮긴이] 아비 바르부르크(Aby Warburg, 1866~1929)는 독일의 예술사가이자 문헌학자이다. 현대 이전 비유럽 문화권에서 제작된 시각적 형상물들을 예술로 보는 시각과 방법론을 세우는 데 크게 기여했다. 보티첼리의 〈비너스의 탄생〉, 〈봄〉을 기초로 이른바 '도상학적 분석'이라는 이미지 연구의 방법론상 개념을 제시한 것으로 유명하다. 말년에는 도상 아틀라스 '므네모시네' 프로젝트 연구에 몰두해 유럽 이미지 역사를 총체적으로 바라보려 했다.

18 "실신"에 대해서는 다음을 참고할 것. L. Marin, ≪Ruptures, interruptions, syncopes dans la représentation de peinture≫ (1992), *De la représentation*, éd. D. Arasse, A. Cantillon, G. Careri, D. Cohn, P.-A. Fabre et F. Marin, Paris, Le Seuil-Gallimard, 1994, p. 364-376. Pour les ≪déchirures≫, cf. G. Didi-Huberman, *Devant l'image. Question posée aux fins d'une histoire de l'art*, Paris, Les Éditions de Minuit, 1990, p. 169-269 (≪L'image comme déchirure≫).

산드로 보티첼리, 〈봄〉(1478). 바르부르크는 보티첼리의 〈비너스의 탄생〉과 〈봄〉에서 고대가 르네상스에 끼친 영향과 흔적을 분석하며 '도상학적 분석'이라는 개념을 제안했다.

현들motions에 대한, 따라서 그것의 있을 수 있는 자원들ressources에 대한, 기본적으로 플라톤적인 의례적인 철학적 철회 — 의 가치가 있는 이 거만한 비판보다 더한 것을 요구한다.

변증법적 이미지들 앞에서 눈을 문지르기

따라서 헤겔이 인민에게 있어서 "자신이 원하는 것과 생각하는 것을 알게 만드는 비조직적 방식"이라고 명명한 것을, 또는 카를 슈미트가 '환호'라는 형태로 대중들에게 양도한 것(물론 카를 슈미트는 인민 [illegible]의들, 그들의 고통들, 그들의 저주들, 그들의 '시위들', 또는 그들의 해방에 [illegible]들에 대해서는 훨씬 더 적게 말했다)을 약간 덜 거만하게 — 게다가 약간 덜 경멸적으로 — 되풀이해야 할 것이다. 피에르 로장발롱이 확언한 것처럼 만약 **감정-인민**이 **상상적 인민**이라 해도, 이것은 그들이 "내용 면에서 빈약"하고, "어떤 단단한 관계도 없는", "일시적 융합"을 할 수밖에 없으며, "어떤 장래도, (어떤) 행동력도 약속하지 않는다"는 것을 의미하지 않는다. 이것은 그들이 "역사 안에 기입되지 않는다"는 것을 의미하지 않는다. 그리고 그것의 가장 간단한 이유는 **감정들 자체가 이미지들처럼 역사에 기입된 것들**이고, 1920년대와 30년대에 파시즘과의 투쟁의 맥락에서 역사성과 육체의 가시성 사이의 근본적 관계들을 재검토한 모든 사상가들(물론 나는 발터 벤야민, 아비 바르부르크, 카를 아인슈타인,[19] 에른스트 블로흐, 지그프리트 크라카우어,[20] 나아가 테오도르 아도르노에 대해 생각한다[21])에게 공통된 개념을 다시 취하자면, 그것의 **가독성** Lesbarkeit 입자들이라는 것이다.

왜냐하면 감정들 자체는 — 벤야민이 만들어낸 훌륭한 개념에 따르면 이미지들처럼 — **변증법적**이기 때문이다. 이것은 우선 그것들이 재현들과 매우 특별한 관계를 유지한다는 것을 의미한다. 즉, 내재적인 동시에 분리적 관계, 표현인 동시에 갈등인 관계이다. 아비 바르부르크가 이미지들이 오랜 기간이 흐르는 동안 빚어내는 "**파토스**의 형식들"의 "분극화polarisations"와 "탈분극화dépolarisations" 작용을 관찰하기 시작한 바로 그 순간에,[22] 지그문트 프로이트는 『꿈의 해석』에서 그가 히스테리 증상들의 관찰을 통해 이미 식별한 요점을 강조했다. 즉, 무의식이 있다는 것은 **정서**affects와 재현 사이에 — 여기에서는 표현 그리고 저기에서는 갈

---

19 [옮긴이] 카를 아인슈타인(Carl Einstein, 1885~1940)은 독일의 작가이자 예술사가이다. 문학과 현대예술 분야에서 새로운 언어와 조형 예술의 강령을 제시했으며, 정치적으로도 급진적인 성향을 보였다.

20 [옮긴이] 지그프리트 크라카우어(Siegfried Kracauer, 1889~1966)는 독일의 사회학자이자 문화비평가이다. 테오도르 아도르노의 철학교사이자 발터 벤야민의 편집자, 에른스트 블로흐와 레오 뢰벤탈의 친구로도 잘 알려져 있으며, 현대 사회와 문화, 일상생활, 영화, 역사를 폭넓게 연구했다.

21 다음을 참조. G. Didi-Huberman, *Devant le temps. Histoire de l'art et anachronisme des images*, Paris, Les Éditions de Minuit, 2000. 그리고 온라인 잡지 Trivium, n°. 10, 2012 (≪Lisibilité/Lesbarkeit≫), dirigé par M. Pic et E. Alloa.

22 다음을 참조. G. Didi-Huberman, *L'Image survivante. Histoire de l'art et temps des fantômes selon Aby Warburg*, Paris, Les Editions de Minuit, 2002, p. 115-270.

등, 여기에서는 일치 그리고 저기에서는 불일치 — 복잡한 변증법이 존재한다는 것을 내포한다.[23] 사회의 역사가 그 역시 무의식 없이는 진행되지 않는다는 것이 사실이라면, 발터 벤야민이 『아케이드 프로젝트』에서 말한 것을 명백히 해야 한다. "변증법적 이미지 안에서, 옛날은 (…) 정확히 한정된 시기에만 그 모습을 드러낼 수 있다. 즉, 인류가 눈을 비비면서 이 **꿈 이미지**Traumbild를 바로 그 자체로 지각한 순간이다. 바로 이 순간에 역사가는 이 이미지를 위해 **꿈 해석의 임무**를 맡는다."[24]

인류가 눈을 문지르지 않을 때 — 그의 이미지들, 그의 감정들 그리고 그의 정치적 행위들이 어떤 것에 의해서도 나눠지지 않을 때 —, 이미지는 변증법적이 아니다. 감정들은 "내용 면에서 빈약"하다. 그리고 정치적 행위들 자체는 "어떤 장래도 약속하지 않는다". 인민들을 "발견할 수 없는 것"으로 만드는 것은 따라서 그들의 형상화의 위기에서뿐만 아니라 그들의 위임의 위기에서도 찾아야 한다. 이것이 바로 발터 벤야민이 '기술복제 시대의 예술작품'에 대한 1935년의 글에서 아주 명확히 이해했던 것이다. 그는 이렇게 썼다. "민주주의들의 위기는 정치적 인간의 노

---

23 S. Freud, *L'Interprétation du rêve* (1900), trad. J. Altounian, P. Cotet, R. Lainé, A. Rauzy et F. Robert, Paris, Presses universitaires de France, 2003 (éd. 2010), p. 509-511.

24 W. Benjamin, *Paris, capitale du XIXe siècle. Le Livre des passages* (1927-1940), trad. J. Lacoste, Paris, Editions du Cerf, 1989, p. 481 (N 4,1).[「파리-19세기 수도」, 『아케이드 프로젝트 1』, 조준형 옮김, 새물결, 2005]

출 조건들의 위기라고 이해될 수 있다."[25] 따라서 경기장이나 상업영화 스크린의 "챔피언, 스타 그리고 독재자가 승리자가 되는"[26] 그곳에서, **시각적인 것을 변증법화해야** 할 것이다. 즉, 다른 이미지들, 다른 몽타주들을 제작하고, 그것들을 다르게 바라보고, 연계된 분할들과 움직임을, 결합된 감정과 생각을 거기에 도입해야 한다. 결국 눈을 문질러야 한다. 즉, 재현을 정서와, 이상적인 것을 억압된 것과, 숭고화된 것을 증후적인 것과 문질러야 한다.

인민들의 재현은 우리가 **권력들의 재현** 안에 변증법적 분할을 도입하는 것을 받아들이는 순간부터 다시 가능해진다. 피에르 로장발롱이 하듯이 토크빌의 민주주의적 전제들로부터 정치적 위임의 역사를 다시 추적하는 것으로는 충분하지 않다. 조르주 아감벤이 하듯이 교회 신부들의 신학적 전제들로부터, 그다음 카를 슈미트의 반민주주의적 전제들로부터 '지배'와 '영광'의 고고학을 다시 생각하는 것으로도 충분하지 않다. 발터 벤야민에게, 변증법화하는 것은 반대로 역사의 매 파편들마다 이 '이미지'가 다시 나타나게 하는 것이다. 그 '이미지'는 "나타났다가 인식되는 바로 그 순간에 사라진다."[27] 그러나 그것의 연

---

25 *Id.*, ≪L'oeuvre d'art a l'ère de sa reproductibilité technique [première version]≫ (1935), trad. R. Rochlitz, *OEuvres*, *III*, Paris, Gallimard, 2000, p. 93. [「기술복제시대의 예술작품」, 『기술복제시대의 예술작품/사진의 작은 역사 외』, 최성만 옮김, 길, 2007]

26 *Ibid.*, p. 94.

27 *Id.*, ≪Sur le concept d'histoire≫ (1940), trad. M. de Gandillac revue par P. Rusch, *OEuvres*,

약함 안에 인민들의 기억과 욕망을, 다시 말해 해방된 장래에 대한 형상화를 끌어넣는다. 이것은 이런 영역 안에서 역사가는 최소한의 '일시적인 것들'이나 연약함들에 그의 시선을 줄 줄 알아야 한다는 것을 인정하는 방식이다. 이 '일시적인 것들'은 '역사의 의미' — 우리의 '현실성'이 그토록 믿고자 하는 — 를 거슬러서 나타난다. 마치 그것들이 그때까지 생각되지 않은 역사성을 담은 신호들처럼 아주 멀리에서 와서 즉시 사라지는 것처럼 말이다.

이 신호들 또는 '변증법적 이미지들'은 물론 연약하다. 집단적 감정들의 연약성도 그런 것이다. 그렇지만 그것들의 위대한 변증법적 자원이 그런 것이다. 벤야민은 이렇게 상기시킨다. "(1830년 7월 혁명 때) 전투의 첫날밤에 파리의 여러 장소에서 동일한 순간에 협의 없이 사람들이 시계들을 향해 총을 쏘는 것이 보였다."[28] 이것은 "동질적이고 텅 빈 시간"을 폭발시키는, 그리고 그것을 이 삽입된 신호에 의해 모든 시간성의 분해와 재조립이라는 특징을 가진 "유물론적 사료 편찬"의 모델로 대체하려는 아마도 매우 "정서적인" 방식이 아니었을까?[29] 어쨌든 인민들 자신의 연약함이 그렇다. 즉, 몇몇 공공 시계들의 파괴와 800여

III, *op. cit.*, p. 430.[「역사의 개념에 대하여」, 『역사의 개념에 대하여/폭력비판을 위하여/초현실주의 외』, 최성만 옮김, 길, 2008. 이 글의 제목은 '역사 철학 테제'로도 알려져 있음.]

28 *Ibid.*, p. 440.

29 *Ibid.*, p. 441.

명의 7월 봉기자들의 죽음은 운동을 부르주아들과 왕당파들이 회수하는 것을 막지 못했다. 그러나 발터 벤야민 — 1940년에 그에게 닥친 가장 큰 위험의 순간에 이 글들을 썼다 — 은 모든 시계들이 총질을 당하는 이 일종의 '꿈 이미지'를 일어나게 하고자 했을 것이다. 그것 앞에서 눈을 문지르기 위해, 그리고 이 **잠 깨기** 행위 안에서 역사가의 임무를 다시 표현하기 위해서 말이다. 이 역사가의 임무는 오늘날에도 여전히 우리에게 귀속된다. 오래전부터 나는 다음과 같은 문장들을 지치지 않고 계속 베껴 써왔다.

> 역사가의 일을 한다는 것은 '어떻게 일이 실제로 일어났는지'를 아는 것을 의미하지 않는다. 이것은 위험의 순간에 나타나는 모습 그대로의 추억을 점령하는 것을 의미한다. 사적 유물론의 관점에서 이것은 위험의 순간에 역사적 주체에게 느닷없이 제공되는 과거의 이미지를 붙잡는 것이다. 이 위험은 전통의 내용물들뿐 아니라 그것의 수취인들도 위협한다. 그것은 둘 다에게 동일한 것이며, 그들에게 지배계급의 수단이 되도록 한다. 각 시대마다 전통을 막 지배하려 하는 순응주의로부터 전통을 다시 빼내려 해야 한다.[30]

30 *Ibid.*, p. 431.

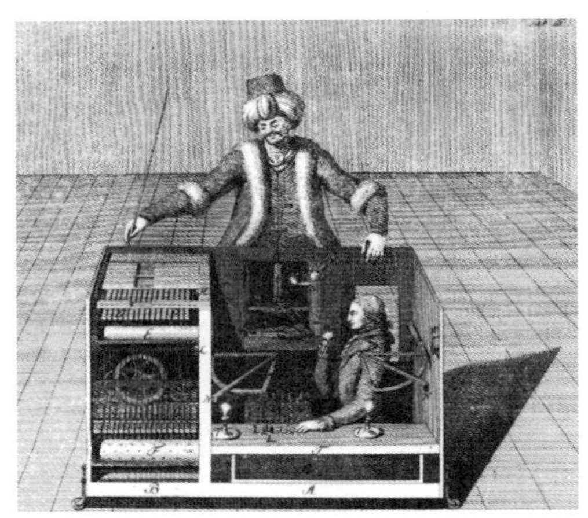

켐펠렌의 자동 체스기계. 카를 고트리프 폰 빈디슈의 동판화(1783). 벤야민은 「역사의 개념에 대하여」에서 역사적 유물론을 이 기계에 비유한다.

우리는 '전통' — 모든 문화적 '순응주의'와 구별되는 — 에 대한 이러한 주장을 즉각적 위험과 그것에 정치적으로 답변해야 하는 위급성에 의해 지배되는 맥락 안에서 갑자기 발견해서는 안 된다. 벤야민은 프로이트, 바르부르크와 **잔존물들**survivances**의 인류학적 유효성**에 대한 날카로운 의식을 공유했다. 그는 바타유나 아이젠슈타인과 **잔존물들의 정치적 유효성**에 대한 밝은 지각을 공유했다. 빌레트 도살장의 동물 고깃덩어리들 앞에서, 또는 멕시코 예배 행렬의 해골들 앞에서, 그리고 나중에 장 루쉬,[31] 피에르 파올로 파졸리니,[32] 글라우버 로샤[33]와 같은 영화인들이 아주 명확히 보여줘야 했던 것처럼 눈을 문지르면서라고 해도 말이다. 그러나 이 역사적 — 그리고 또한 초역사적이다. 왜냐하면 이 지각은 긴 기간들과 **사라진 연결점들**missing links에, 억압된 것의 다른 시간성과 귀환에 결정적 자리를 부여하기 때문이다 — 지각은 반드시 **분할** — 인민들의 모든 재현이 이것으로 지탱된다 — 을 동반했다. 카를 슈미트가 **권력의 전통**에만

---

31 [옮긴이] 장 루쉬는 프랑스의 영화감독이자 인류학자이다. 프랑스의 사실주의적 다큐멘터리 영화 운동인 시네마 베리테(cinéma vérité)의 창시자 중 한 명이다.

32 [옮긴이] 피에르 파올로 파졸리니(Pier Paolo Pasolini, 1922~1975)는 이탈리아의 영화감독이자 시인, 평론가이다. 사회의 권위주의적인 구조가 지닌 모순을 강하게 비판했는데, 특유의 파격적이고 도발적인 표현기법으로 논란을 빚었다.

33 [옮긴이] 글라우버 로샤(Glauber Rocha, 1939~1981)는 브라질의 영화감독이다. 영화평론가로 일하다 감독이 되었는데, 현실과 전통에 바탕을 두고 문화적 민족주의를 일깨우려 했다. 비관습적이고 공격적인 영화언어로 작품을 만들어 브라질의 1950년대 시네마누보 운동의 기수로 잘 알려졌다.

관심을 둔 곳에서 벤야민은 강하게 **피압제자들의 전통**을 대립시킨다. 즉, "피압제자들의 전통은 우리에게 우리가 사는 '예외 상태'가 규칙이라는 것을 가르쳐준다. 우리는 이 상황을 설명하는 역사의 개념화에 도달해야 한다."[34]

발터 벤야민이 동시에 역사가 — 그리고 아마도 예술가도 역시 — 의 임무를 **인민들을 형상화하려는**, 다시 말해 역사의 '무명자들'에게 당당한 표상을 주겠다는 그의 의지를 통해 위치시켰다는 것은 더 잘 이해된다. 즉, "알려진 (삭제된 구절: 시인들과 사상가들도 예외는 아니기에, 기념되는) 사람들의 기억보다 무명자들의 기억das Gedächtnis der Namenlosen을 공경하는 것은 더 어렵다. 무명자들을 추모하기 위해 역사적 건설이 헌정된다."[35] 이 임무는 **문헌학적** — 또는 벤야민이 말하기 좋아했던 것처럼 "미시논리적micrologique" — 이며 동시에 **철학적**이다. 즉, 그것은 역사의 "순응주의자들"이 결코 코를 (또는 눈을) 들이대질 않는 고문서들을 탐사할 것을 요구한다. 그것은 동시에 '이론적 골조'와 '건설 원칙'을 요구한다. 그것들은 실증주의적 역사가 전혀 갖고 있지 않은 것이다.[36]

그런데 이 '이론적 골조'는 이미지들을 사상들에, 사상들을 사실

34 *Ibid.*, p. 433.

35 *Id.*, ≪Paralipomènes et variantes des "Thèses sur le concept d'histoire"≫ (1940), trad. J.-M. Monnoyer, *Ecrits français*, Paris, Gallimard, 1991, p. 356.

36 *Id.*, ≪Sur le concept d'histoire≫, art. cit., p. 441.

아비 바르부르크, 도상 아틀라스 '므네모시네' 프로젝트(1927~1929)의 45번 패널. 이미지들이 오랜 기간이 흐르는 동안 빚어내는 "파토스의 형식들"의 "분극화"와 "탈분극화" 작용을 관찰하는 거대한 작업이었다.

들에 종속시키지 않는 것을 전제한다. 예를 들어 벤야민이 "피압제자들의 전통"에 대해 말할 때, 그는 아마도 계급투쟁을 직접 가리키는 마르크스주의의 어휘를 사용한다. 그러나 그는 또한 압제Unterdrückung라는 단어가 프로이트 정신분석학의 개념적 어휘에 속한다는 것을 잘 안다. 프랑스말로는 '억제répression'라고 번역되는 이 단어는 심리적 과정의 한 종류인데, 억압Verdrangung은 그것의 특수한 종처럼 나타난다. 즉, 억제는 의식적인 반면에 억압은 항상 무의식적이다. 억제는 정서에 적용될 수 있는 반면에 억압은 재현에 대해서만 작동한다.[37] 따라서 인민들의 전통적, 또는 더 잘 말하자면 순응주의적 재현들 안에 "억눌린réprimé" 채 발견되는 것 자체를 형상화하면서 인민들을 "재현할 수 있는 것"으로 만드는 것은 다시 역사가의 임무가 될 것이다. 그런데 그런 재현들 안에 '억눌린' 것은 그것들의 사회적 비가시성이라는 지위 — 예를 들어 한나 아렌트가 파리아paria라는 형상을 통해 『숨겨진 전통』에서 탐구하려 했던 것[38] — 뿐만 아니라, 헤겔이 개입된 육체의 행위들과 영혼의 발현들에 의해 정서를 표명하면서 "인민이 자신이 원하는 것과 생각하는 것을 알게 만드는 비조직적 방식"이라고 명명했던 것에도 관계된다.

37 다음을 참조. S. Freud, *Métapsychologie* (1915), trad. J. Laplanche et J.-B. Pontalis, Paris, Gallimard, 1968, p. 45-63.

38 다음을 참조. H. Arendt, *La Tradition cachée. Le Juif comme paria* (1944-1948), trad. S. Courtine-Denamy, Paris, Christian Bourgois, 1987 (ed. 1997).

뚜껑 열기, 헤테로토피아들을 가시적으로 만들기

가장 뛰어난 역사가들은 뚜껑 — 인민들에 대한 억제의, 압제의 뚜껑 — 을 여는 데 가장 효과적으로 기여하는 사람들이다. 물론 부르크하르트[39]와 미슐레[40]에서 현대의 작업까지 역사학의 일련의 걸작들을 열거하는 것은 내 목적이 아니다. 그러나 나는 내가 보기에 모범적 방식으로 뚜껑을 열었을 뿐만 아니라 폭발시켜 날려버린 세 개의 작품들을 간략히 상기시키고자 한다. 첫 번째는 미셸 드 세르토Michel de Certeau의 것이다. **고독의 역사** — 특히 신비주의적 고독 — 에서 출발해서 미셸 드 세르토는 이 관례적 "역사의 부재하는 것"을 건드리고 가장 "평범한" 사람들의 일정한 "삶의 기술들"에 내재한 **사회적 저항**의 행위들을 탐사하기에 이른다.[41]

미셸 푸코는 알다시피 **일탈의 역사**, 그것의 제도적 처리의 역사

39 [옮긴이] 야콥 부르크하르트(Jacob Burkhardt, 1818~1897)는 스위스의 역사가이며, 바젤대학 미술사 교수였다. 대표작인 『이탈리아 르네상스 문명사』로 르네상스사 연구에 한 획을 그었으며, 이후 '르네상스'라는 말이 역사상 일반 용어로 쓰이게 되었다. 그는 역사 연구의 임무란 '발전'이 아니라 '항상적인 것, 반복되는 것, 유형적인 것'의 3가지를 실증적으로 탐구하는 데 있다고 말했다.

40 [옮긴이] 쥘 미슐레(Jules Michelet, 1798~1874)는 프랑스의 역사가이자 문필가이다. 프랑스라는 나라와 민족의 역사적 고유성을 찾으려 했던 '역사의 대사제'로 평가된다. 종교, 국가, 사회제도의 권위주의를 비판하고 자연과 인류의 보편적 가치를 역설했다.

41 M. de Certeau, *La Solitude, une vérité oubliée de la communication* (avec F. Roustang *et al.), Paris, Desclee de Brouwer, 1967. Id., L'Absent de l'histoire, Tours, Mame, 1973. Id., L'Invention du quotidien*, Paris, Union générale d'Editions, 1980 (nouvelle éd., Paris, Gallimard, 1990-1994).

— 수용시설의 정신병자들, 병원의 신체장애자들, 감옥의 죄수들, 그리고 성적인, 마지막으로는 게다가 문학적인(예를 들어, 레이몽 루셀[42]의 작품) 일탈들 — 에서 출발했다.[43] 그런데 그도 역시 "건설 원칙"과 비판적(다시 말해 철학적) 원칙으로 무장한 그의 고문서(다시 말해 문헌학적) 조사들에 따라 그런 "피압제자들의 전통"이 식별되고 모아지고 조직되고 맞설 수 있는 일정한 장소들을 구별하는 데 도달한다. 이 장소들을 그는 **헤테로토피아들** hétérotopies이라고 명명했다. 이런 장소들이 완전히 보장된 자유의 기능적 보석상자들처럼 존재할 수 있어서가 아니다.

> 나는 기능적으로 — 그것의 진짜 본성에 의해 — 급진적으로 해방자일 어떤 존재를 믿지 않는다. 자유는 실천이다. 따라서 사실 일정한 구속들을 수정하려 하는, 그것들을 보다 유연하게 만들려 하는, 심지어는 그것들을 부수

---

42 [옮긴이] 레이몽 루셀(Ramond Roussel, 1877~1933)은 프랑스의 작가이다. 독특하고 난해한 언어실험과 문학장치로 당대에는 큰 주목을 받지 못했지만, 이후 여러 작가들에게 영감을 주었다. 푸코는 1963년 『레이몽 루셀』이라는 책을 써 루셀을 재조명했다.

43 M. Foucault, *Folie et déraison. Histoire de la folie a l'âge classique*, Paris, Plon, 1961 (rééd. Paris, Gallimard, 1972).[『광기의 역사』, 이규현 옮김, 나남, 2003] *Id.*, *Naissance de la clinique. Une archéologie du regard médical*, Paris, Presses universitaires de France, 1963.[『임상의학의 탄생』, 홍성민 옮김, 이매진, 2006] *Id.*, *Raymond Roussel*, Paris, Gallimard, 1963. *Id.*, *Surveiller et punir : naissance de la prison*, Paris, Gallimard, 1975.[『감시와 처벌』, 오생근 옮김, 나남, 2003] *Id.*, *Histoire de la sexualité*, Paris, Gallimard, 1976-1984.[『성의 역사』 1~3, 이규현 외 옮김, 나남, 2004]

려 하는 수많은 기획들이 항상 존재할 수 있다. 그러나 그 기획들 중 어떤 것도 단순히 그것의 본성에 의해 사람들이 자동적으로 자유롭다는 것을 보장할 수는 없다. 인간들의 자유는 그것을 보장하는 기능을 가진 제도들과 법들에 의해 결코 보증되지 않는다. (…) 만약 우리가 자유가 실제로 실행되는 장소 — 어쩌면 그것이 존재할 수도 있다 — 를 발견한다면, 우리는 그것이 대상들의 본성 덕분이 아니라 역시 또 한 번 자유의 실천 덕분이라는 것을 발견할 것이다. 이것은 어쨌든 우리가 사람들이 자신들의 권리들을 행사하기만 하면 된다고 생각하면서 그들을 빈민굴 안에 내버려 둘 수 있다는 것을 의미하지는 않는다. (…) 정의상 자유의 기계는 없다. (…) 상호 관계들과 그것들 사이의 항구적 격차들만이 있다.[44]

헤테로토피아들은 이 가능한 격차들의 공간 자체를 규정한다. 거기에서 뚜껑은 떨리고 약간 움직이고 자유의 뜨거운 증기가 지나가게 놔둔다. 유토피아들은 완벽하게 그러나 비실재적 — 그리고 푸코가 덧붙

44 *Id.*, ≪Espace, savoir et pouvoir≫(1982), *Dits et écrits 1954-1988, IV. 1980-1988*, ed. D. Defert, F. Ewald et J. Lagrange, Paris, Gallimard, 1994, p. 275-277.[「공간, 지식, 권력 — 폴 래비나우와의 인터뷰」, 『헤테로토피아』, 이상길 옮김, 문학과지성사, 2014]

였듯이, 위로하는 — 방식으로 작동한다. 반면에 헤테로토피아들은 아주 실재적 방식으로 작동한다. 비록 허술한, 이어붙인, 불완전하고 결코 완벽하지 않은 작동이라는 대가를 치러야 하지만 말이다. 푸코는 헤테로토피아들이 "우리가 사는 공간에 대한 신화적이고 동시에 실재적인 일종의 항의"[45]를 만든다고 말한다. 그것들은 "자기들끼리는 호환 불가능한 여러 장소와 여러 부지를", 게다가 여러 이질적 시간성들을 "단 하나의 실재 장소 안에 병렬하는 능력"을 갖고 있다(이런 의미에서 우리는 고문서들, 박물관들, 또는 도서관들이 미셸 푸코의 눈에는 그것들의 고유한 제도적 장식판 아래에 감춰진 헤테로토피아들이라고 말할 것이다).[46] 그것들은 이런 점에서 "거대한 상상력 저장소"[47]처럼 나타난다. 그것을 자유롭게 사용하는 것은 바로 우리에게 달린 일이다.

바로 이 자유의 학파로부터 아를레트 파르주Arlette Farge도 이 책, 저 책을 통해 우아하고 끈질기게 생각을 끌어냈다. 그녀에게 고문서들은 고문서 담당자들 자신이 아마도 고정된 것이라고 믿었던 뚜껑을 열 거의 예상 밖의 — 그러나 고갈되지 않을 — 기회였다.[48] 그녀는 과거에 아비 바르부르크가 르네상스의 피렌체 고문서의 **회고록들**ricordanze을 쉬

---

45 *Id.*, ≪Des espaces autres≫(1984), *ibid.*, p. 756.[「다른 공간들」, 『헤테로토피아』, 이상길 옮김, 문학과지성사, 2014]

46 *Ibid.*, p. 758-759.

47 *Ibid.*, p. 762.

48 A. Farge, *Le Goût de l'archive*, Paris, Le Seuil, 1989.

지 않고 탐구하던 순간에 잘 묘사했던 방법론적 원리이기도 한 느낌을 자신의 것으로 만들었다. 즉, "죽은 자들의 목소리들은 수백 개의 해독된 고문서 자료 안에서, 그리고 아직 해독되지 않은 수천 개의 다른 자료 안에서 아직도 울린다. 역사가의 신앙심은 이 들리지 않는 목소리들의 음색을 복원할 수 있다. 만약 그가 말과 이미지 사이의 자연적 관계를 재구성하려는 노력 앞에서 물러서지 않는다면 말이다."[49]

바로 이런 방법적 직관으로 무장돼 있기 때문에 인민들의 역사는 시작되거나 다시 시작될 수 있을 것이다. 아를레트 파르주는 우선 18세기 파리에서의 식량 절도에 대해 연구하면서 카를 마르크스의 행위 — 1842년에 목재 도둑들을 법적으로 변호한 행위 — 를 다시 했다.[50] 그녀는 자신의 작업 대부분을 파리 거리의 인민들에게, 그리고 또한 한편으로는 "여론", 다른 한편으로는 "자기의 — 또는 자기에 대한 — 글쓰기"라는 이질적 차원들에 헌정하면서 "피압제자들의 전통"에 관련된 벤야민의 명령을 다시 행했다.[51] 그녀는 가난한 자들, 소외된 자들, 피압제

---

49 A. Warburg, ≪L'art du portrait et la bourgeoisie florentine. Domenico Ghirlandaio a Santa Trinita. Les portraits de Laurent de Medicis et de son entourage≫ (1902), trad. S. Muller, *Essais florentins*, Paris, Klincksieck, 1990, p. 106.

50 A. Farge, *Le Vol d'aliments à Paris au XVIIIe siecle : délinquance et criminalité*, Paris, Plon, 1974.

51 *Id.*, *Dire et mal dire : l'opinion publique au XVIIIe siècle*, Paris, Le Seuil, 1992. *Id.*, *Le Bracelet et le parchemin : l'écrit sur soi au XVIIIe siecle*, Paris, Bayard, 2003. *Id.*, ≪Walter Benjamin et le dérangement des habitudes historiennes≫, *Cahiers d'anthropologie sociale*, n° 4, 2008 (≪Walter Benjamin : la tradition des vaincus≫), p. 27-32.

자들의 "허약한 삶"을 조사하면서 미셸 푸코의 작업을 동반하고 연장했다.[52] 그러면서 그녀는 사회적 삶에 대해 일반적으로 — 다시 말해 앞으로 튀어나와 — 말하는 담론들의 뚜껑을 열었다. 그리고 그녀는 자신의 책 『토로와 고뇌Effusion et tourment』에서 아주 잘 묘사한 인민들의 증후들과 정서들이 인민에 대한 재현 안에서 나타나도록 했다. 이 책의 서문에는 다음과 같은 무모한 생각이 담겨 있다.

> 바로 18세기의 익명의, 별로 편하지 않은 육체들의 숨결이 여기에 다시 옮겨 적힐 것이다. 그들은 생각하고 몸을 흔들고 서로를 매혹하고 혼란케 하고 폭력을 가한다. 가장 헐벗은 육체들 안에는 (다른 사람들의 육체 안처럼) 다수의 출구에 대한 의지와 꿈이 존재하며, 그것들을 성공하기 위해 창조되거나 구상된 행위들의, 그것들을 명명하기 위한, 따라서 그것들을 전유하기 위한 단어들의 발명이 존재한다. 익명자의 물리적이고 육체적인 감춰진 힘puissance, 미래의 희망에 의해 움직이는 힘, 있었던 것을 쉽게 기억하

52 *Id.*, *Vivre dans la rue à Paris au XVIIIe siecle*, Paris, Gallimard-Julliard, 1979 (rééd. Paris, Gallimard, 1992). *Id.*, *Le Désordre des familles : lettres de cachet des archives de la Bastille au XVIIIe siecle*, Paris, Gallimard-Julliard, 1982 (avec M. Foucault). *Id.*, *La Vie fragile. Violence, pouvoirs et solidarités à Paris au XVIIIe siecle*, Paris, Hachette, 1986 (reed. Paris, Le Seuil, 1992).

는 힘은 권력을 만나고, 그것에 통합되기 위해, 또는 그것을 수정하기 위해 그것에 응답하고 그것과 말을 한다. (…) 여기에서 어떤 것이 바스락거린다. 육체들은 웅성거리고 자신들의 운명들을 만들어낸다. 남자들과 여자들은, 몸을 가진 존재들은 "정서적으로 세상에" 있다. 그들은 자신들의 고유한 육체에 맞서 항상 싸운다. 그리고 추위, 배고픔, 피곤뿐만 아니라 불의, 증오, 폭력도 멀리하기 위해서 그것과 피할 수 없는 공생을 한다. 역사에 의해 움직이고 역사에 대해 작용하는 그들은 평범한 존재들이다. (…) 가장 약한 자들을 단지 그들의 육체 — 한편으로 보면 가꿔지지 않은 것이라 하는 — 의 일차적 욕구들과 욕망들에 의해서만 규정하려는(종종 그렇게 되는 것처럼) 의지는 여기에서 멀다. 반대로 이 "살아 움직이는 존재들의 물질적 부분"(육체에 대한 일반적 정의)에 대해 역사적이고 정치적인 접근을 시도하는 것은 육체에게 그것의 무한한 고귀함, 역사**와 함께**, 그리고 역사**에도 불구하고** 창조하려는 그것의 합리적이고 열정적인 능력을 확언한다. 왜냐하면 그것은 느낌, 감정 그리고 지각의 근거지이자 수취인이기 때문이다. 유순하기 때문에 그것은 가능하다면 세계에 포함된다. 이것은 웃음과 비명, 행위들과 사랑들, 피와 슬픔, 또한 피로라는 대가를 치른다. 육체와 그것의 역사, 그리고 역사

는 하나일 뿐이다.[53]

육체들 — "육체" 일반이 아니라 독특한 다수의 육체들 — 이 "역사에 의해 움직이고 역사에 대해 작용한다"고 말하는 것은 야콥 부르크하르트가 처음 사용하고 니체가 옹호했으며 바르부르크뿐만 아니라 마크 블로크Marc Bloch와 몇몇 주요한 민속학자나 사회학자가 증명한 **역사적 입장**을 채택하는 것이다. 이 입장에 따르면, 역사는 일련의 인간 **행동**들을 통해서뿐만 아니라 인민들이 느낀 **열정**들과 감정들의 구성을 통해서도 이야기된다. 그다음, 육체들이 "정서적으로 세상에" 있다고 말하는 것은 에르빈 슈트라우스,[54] 장 폴 사르트르 또는 모리스 메를로퐁티에게서 모범적으로 발견되는 감각적인 것의 현상학이 알려주는 **철학적 입장**을 받아들이는 것이다. 즉, 영향 받은affecté 육체들의, 정서적affectif 육체들의 모든 인류학에게 역사를 여는 것이다.[55] 마지막으로,

53 *Id.*, *Effusion et tourment, le récit des corps. Histoire du peuple au XVIIIe siecle*, Paris, Odile Jacob, 2007, p. 9-10. 보다 최근에는, *id.*, *Essai pour une histoire des voix au dixhuitième siecle*, Paris, Bayard, 2009 참조. 이런 문제의식들은 다음의 책에서 연장된다. le Collectif Maurice Florence, *Archives de l'infamie*, Paris, Les Prairies ordinaires, 2009.

54 [옮긴이] 에르빈 슈트라우스(Erwin Straus, 1891~1975)는 독일의 정신병리학자이다. 1938년부터 미국으로 이주해 활동했으며, 현상학적 심리학 분야를 개척해 이후의 심리학과 정신의학, 철학에서의 반객관주의, 반실증주의 흐름에 영향을 끼쳤다.

55 아를레트 파르주는 여기에서 다음의 책을 가리킨다. D. Le Breton, *Les Passions ordinaires. Anthropologie des émotions*, Paris, Armand Colin-Masson, 1998 (rééd. Paris, Payot & Rivages, 2004).

"여기에서 어떤 것이 바스락거린다"는 것은 **문학적 입장**에 참여하는 것이다. 왜냐하면 역사를 쓰는 것은 우선 글로 쓰는 것이기 때문이다. 즉, 이것은 역사가에게 형식적, 양식적, 서술적, 심지어 시적 선택을, 내용뿐만 아니라 그의 지식 생산 양식도 한정하는 선택을 하도록 하는 것이다.

이 세 개의 입장 표명은 인민들에게 당당한 역사적 재현을 주기 위한 각각의 시도 안에서 분리되지 않고 작용한다. 예를 들어 우리는 그것들을 자크 랑시에르의 저서들에서 발견한다. 거기에서 역사적 입장은 인민들의 고문서들에 대한 작업 — 랑시에르가 우선적으로 소속된 철학 공동체가 보여주는 사용법들 중에서는 매우 드문 수수한 작업 — 에 의해 드러난다. 예를 들어 알랭 포르Alain Faure와 함께 편집한 『노동자의 말』과 고문서에서 수집한 주요 자료들을 실은 『프롤레타리아의 밤』이라는 책이 이것에 대해 증언한다.[56] 그런데 이 방법의 선택은 세부 재료에 대한 염려, 자료들에 대한 존중과 그것들의 공존 합성에 의해 특징지어지는 **문학적 입장**을 끌어들인다. 즉, 랑시에르는 이것을 위해 (카를 마르크스와 정확히 동시대 사람인) 구스타브 플로베르의 '미시학micrologies'에

56 A. Faure et J. Rancière, *La Parole ouvrière*, Paris, Union générale d'Editions, 1976 (rééd. Paris, La Fabrique, 2007). J. Rancière, *La Nuit des prolétaires. Archives du rêve ouvrier*, Paris, Fayard, 1981 (rééd. Paris, Hachette Littératures, 2009). 또한 *id.*, *Les Scenes du peuple* (*Les Révoltes logiques, 1975-1985*), Lyon, Horlieu Editions, 2003 참조.

서부터 에밀 졸라의 『조사 수첩』까지, 또는 미슐레의 텍스트들에서부터 라이너 마리아 릴케의 파리 이야기들까지, 19세기의 프랑스 사실주의의 원천들에서 재료를 찾았다.[57] 역사적 내재성 안을 이렇듯 횡단하면서 그가 갖지 못했던 것은 보충적 작업의 과감함뿐이었다. 그 과감함은 바로 발터 벤야민이나 조르주 바타유가 각 역사적 자료 안에서 「19세기 파리의 골목들」이 말하는 이 '꿈 해석의 임무'를 역사가에게 요구하는 증후적 실현을 찾아내면서 실행 — 프루스트의 기억, 초현실주의의 만남 그리고 프로이트의 메타심리학 덕분에 — 할 줄 알았던 것이다.[58]

자크 랑시에르는 그래도 역사주의적 순응주의의 몇몇 무거운 '뚜껑들'을 열었다. 여기에서 그는 확실히 카를 마르크스에 대한 독서로부터 많은 도움을 받은 **철학적 입장**에 의해 인도를 받았다. 그러나 또한 더 조용한 방식으로 — 그리고 아마도 클로드 르포르[59]라는 프랑스의 다른 위대한 정치철학자의 중개로[60] — 모리스 메를로퐁티의 작품 안에서 **변증법**

57 E. Zola, *Carnets d'enquêtes. Une ethnographie inédite de la France* (1871-1890), éd. H. Mitterand, Paris, Plon, 1986. J. Rancière, *Courts Voyages au pays du peuple*, Paris, Le Seuil, 1990, p. 89-135 참조.

58 W. Benjamin, *Paris, capitale du XIXe siècle*, *op. cit.*, p. 481 (N 4,1).

59 [옮긴이] 클로드 르포르(Claude Lefort, 1924~2010)는 프랑스의 철학자이자 활동가이다. 메를로퐁티의 제자이며, 좌파의 관점에서 독자적인 정치철학을 펼쳤다. 메를로퐁티 사후에 나온 책인 『보이는 것과 보이지 않는 것』의 편집을 맡기도 했다.

60 다음을 참조. C. Lefort, ≪La politique et la pensée de la politique≫ (1963), *Sur une colonne absente. Ecrits autour de Merleau-Ponty*, Paris, Gallimard, 1978, p. 45-104. *Id.*, *Les Formes de l'histoire. Essais d'anthropologie politique*, Paris, Gallimard, 1978 (éd. 2000). *Id.*, *Essais sur le politique. XIXe-XXe*

— 이것으로부터 역사 철학이 발생한다 — 과 **감각적인 것**sensible — 이 안에서 육체의 모든 현상학이 만들어진다 — 사이의 접촉 지점들을 분명하게 만들 수 있었던 모든 것에 의해서도 인도를 받았다.[61] 랑시에르가 했듯이, 정치와 미학의 관계들을 "감각적인 것의 분할"[62]이라는 각도에서 생각하는 것은 실제로 많은 미학자가 모든 갈등성과 모든 부정성으로부터 때 묻지 않기를 원하는 "감각적인 것의 영역" 안에서 실행 중인 변증법적 작동들을 재발견하는 것이 아닌가? 대칭적으로 모든 정치적 **현현**manifestation 안에서 변증법적 관계와 감각적 관계의 만남 자체를 식별해야 하지 않는가? **정치**politique와 **치안**police의 구별에 대한 랑시에르의 다음과 같은 글이 상기시키는 것처럼 말이다.

"지나가세요! 볼 건 아무것도 없어요." 치안은 도로에 아

---

siècles, Paris, Le Seuil, 1986 (éd. 2001).

61 다음을 참조. M. Merleau-Ponty, *Les Aventures de la dialectique*, Paris, Gallimard, 1955 (éd. 2000), p. 17-45 (≪La crise de l'entendement≫). *Id.*, ≪Partout et nulle part≫ (1956), *Signes*, Paris, Gallimard, 1960, p. 194-200 (≪Existence et dialectique≫). *Id.*, *Le Visible et l'invisible* (1959-1961), éd. C. Lefort, Paris, Gallimard, 1964 (éd. 1983), p. 75-141 (≪Interrogation et dialectique≫).[『보이는 것과 보이지 않는 것』, 남수인 옮김, 동문선, 2004] 감각적인 것에 대한 최근의 철학적 복권에 대해서는 다음의 좋은 책을 볼 것. E. Coccia, *La Vie sensible*, trad. M. Rueff, Paris, Payot & Rivages, 2010.

62 J. Rancière, *Le Partage du sensible. Esthétique et politique*, Paris, La Fabrique, 2000. 51.[『감성의 분할』, 오윤성 옮김, 비, 2008] *Id.*, *Aux bords du politique*, Paris, La Fabrique, 1998 (rééd. Paris, Gallimard, 2004), p. 242 et 244.[『정치적인 것의 가장자리에서』, 양창렬 옮김, 길, 2013]

무것도 없고 지나가기만 하면 된다고 말한다. 치안은 교통 공간은 교통 공간일 뿐이라고 말한다. 정치는 이 교통 공간을 주체 — 인민, 노동자들, 시민들 — 의 현현 공간으로 변형시키는 일을 하는 데 있다. 정치는 공간을, 거기에서 해야 할 것, 볼 것, 명명할 것을 다시 표시하는 일을 하는 데 있다. 정치는 감각적인 것의 분할 위에 설립된 계쟁係爭이다. (…) 정치의 본질은 불일치dissensus이다. 불일치는 이익들이나 의견들의 충돌이 아니다. 그것은 그 자신에 대한 감각적인 것의 간격의 현현이다. 정치적 현현은 보일 이유가 없었던 것을 보게 만든다. 그것은 한 세계를 다른 세계 안에 거주시킨다. 예를 들어 공장이 공적 장소인 세계를 공장이 사적 장소인 세계 안에 거주시킨다. 노동자들이 말하는, 공동체에 대해 말하는 세계를 그들이 자신들의 고통만을 표현하기 위해 우는 세계 안에 거주시킨다.[63]

현현은 따라서 시민들이 자신들의 비권력impouvoir, 자신들의 고통 그리고 자신들의 수반되는 감정들을 감히 표명하면서, 자신들이 압제받는다고 선언할 때 일어나는 것이다. 그것은 감각적 사건이 공동체

63 *Id.*, *Aux bords du politique*, Paris, La Fabrique, 1998 (rééd. Paris, Gallimard, 2004), p. 242 et 244.

를 그것의 역사 안에서, 다시 말해 그것의 생성의 **변증법** 안에서 건드릴 때 일어나는 것이다. 따라서 **정서적인 것**affectif과 **실제적인 것**effectif은 그 안에서 협력하여 펼쳐진다. 거기에서 알랭 바디우는 역사의 의미를 가정하려 했다. 그 역사의 의미 안에서 이 병존은 "포화되고, 끝장날" 것이고 "철학적 변증법의 비표현적 개념"에 자리를 내주어야 할 것이다.[64] 반대로 우리는 사방에서 가장 오래된 "파토스의 표현들"의 잔존물과 효율을 관찰할 수 있다. 즉, 비탄은 고양되고 저주가 된다. 던져진 저주는 행동이 된다. 바디우 — 그는 상상계나 감정계의 질서에 속할 것을 완전히 플라톤적인 방식으로 더 잘 실추시키기 위해 "진리의 정치"를 "실재적이고 논리적"인 것이라고 평가한다[65] — 가 말하듯이 **감각적인 것의 진리** 없이는 "진리의 정치"는 없다. 내가 이 글을 쓰는 지금(2012년 6월), 시리아의 바샤르 알 아사드 체제의 희생자들의 모든 장례식들에서 흘린 **눈물들**이, 경찰의 면전에서 쏟아진 **고함**들이, 그리고 그런 항의가 미래를 가지려면 — 지금은 대화가 불가능하다 — 손에 넣어야 할 필요가 있는 **무기들**이 병존하는 가운데, 아이젠슈타인이 〈전함 포템킨〉의 비탄스러운 장면에서 이미지화했던 모든 것이 긴급함이란 새로운 가치를 갖게 된다.

---

64 A. Badiou, ≪La politique: une dialectique non expressive≫ (2005), *La Relation énigmatique entre philosophie et politique*, Meaux, Editions Germina, 2011, p. 70-71. *Ibid.*, p. 71.

65 *Ibid.*, p. 71.

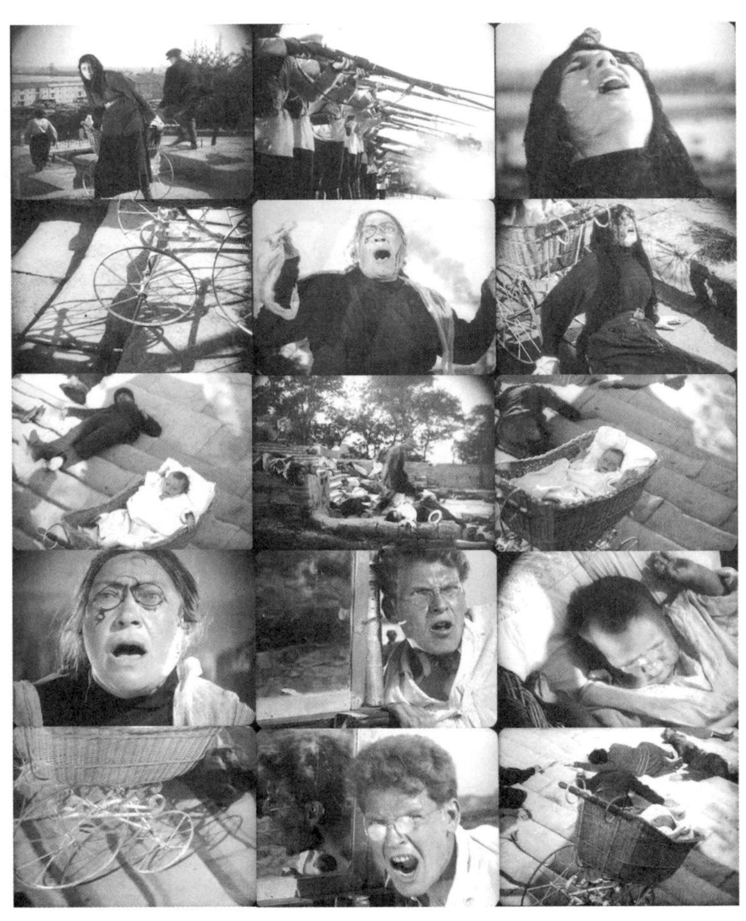

세르게이 에이젠슈타인의 영화 〈전함 포템킨〉(1925)의 오데사 계단 장면.

다가가기, 자료 찾기, 감각할 수 있게 만들기

자크 랑시에르가 원하는 것처럼, 정치를 "감각적인 것의 분할 위에 설립된 계쟁"의 다양한 기회들을 통해 접근하는 것은 "정치를 미적으로 만드는 것" — 발터 벤야민이 보기에 최악의 것(왜냐하면 그가 살던 시대의 파시스트 체제들이 장중하게 수행하던 것이기 때문이다)이며, 어쨌든 사람들이 여기저기에서 『감성의 분할』의 저자에게 비난할 수 있었던 것이다 — 으로 끝나지 않는가? 이 질문에 대한 답변은 매우 간단하다. 그것은 미학 자체가 갈등의 장을, 다른 많은 단어들을 가로지른 분리를 가리킨다는 것이다. 예를 들어 우리가 **피플**(people, 유명한 사람들, 별 가치 없는 것 안에서 과다 재현된 사람들)이라는 단어를 바로 **인민들**이 갖지 못한 모든 것이라는 의미로 이해하고자 할 때, 또는 우리가 **이미지**(유명한 사람들의, 별 가치 없는 것 안에서 과다 재현된 사람들의 매체)라는 단어를 바로 **이미지들**이 부인할 줄 아는 모든 것이라는 의미로 이해하고자 할 때 그렇다. 따라서 자크 랑시에르가 "노동자의 해방은 우선 미적 혁명이다. 즉, 조건에 의해 '강제된' 감각적 세계에 대해 취하는 간격이다"[66]라고 주저 없이 쓸 때 **미적** esthétique이라는 단어의 의미는 무엇인가?

여기에서 우리는 미학이 학문 기관들에게 소중한 '예술의 기준'이나 미의 기준 — 카를 아인슈타인이 웃기는 "미 선발대회"라고 비난했던 것 — 을 대상으로 가질 때의 미학과는 멀리 떨어져 있다. 이제부터 우리가 말하는 미학은 **감각적인 것의 사건들** — 이것들이 '예술적'이든 아니든 별로 중요하지 않다 — 을 대상으로 가진 지식이다. 그런데 그것들을 가장 잘 묘사하기 위해서 우리는 무엇보다도 자크 랑시에르가 발전시킨 철학적 **비판**뿐만 아니라 진정한 **인류학**도 필요하다. 이 진정한 인류학은 (마르셀 모스의 강의에 따르면) "육체의 기술", (아비 바르부르크의 강의에 따르면) "**파토스의 표현**" 또는 (예를 들어 루드비히 빈스방거Ludwig Binswanger의 것과 같은 현상학적 묘사의 강의에 따르면) "**기질적** 계기들moments thymiques"에 의해 정보를 얻음으로써 이득을 볼 것이다. 그러나 묘사하기 위해서는 우선 글을 쓸 줄 알아야 한다. 다시 말해 언어langue 안에서 입장 — 문학적으로, 미적으로, 윤리적으로 — 을 취해야 한다. 언어는 가장 단순화시키고 가장 열린 사용들, 가장 나쁜 명령어들과 가장 좋은 문제제기들이 서로 만나는 갈등들의 광대한 장이다. 감각적인 사건들의 인류학은 우리가 학교 형이상학의 논리적으로 필연적인 주장들을 포기하는 것을 무릅쓰고 시선에 의해, 듣기에 의해 그리고 글쓰기에 의해 **스스로에게 다가가는 것**을 받아들이는 순간에 시작된다.

> 전통적 형이상학은 문학을 필요로 하지 않았던 전문성을 통해 실천될 수 있었다. 왜냐하면 그것은 이론의 여지 없는 합리주의를 기반으로 작동했고 세계와 인간의 삶을 개

66 J. Rancière, *Le Philosophe et ses pauvres*, Paris, Fayard, 1983 (rééd. Paris, Flammarion, 2007), p. vi (préface de 2006).

념들의 조합을 통해 이해하도록 만들 수 있다고 확신했었기 때문이다. (…) 현상학적 또는 실존적 철학이 세계를 설명하는 것이나 세계의 "가능성의 조건들"을 발견하는 것을 임무로 삼지 않고 세계의 경험을, 세계**에 대한** 모든 생각에 앞서는 세계와의 접촉을 표현하는 것을 임무로 삼을 때 모든 것이 변한다. (…) 그때부터 문학의 임무와 철학의 임무는 더 이상 분리될 수 없다. 세계의 경험을 이야기하도록 만드는 것이, 그리고 어떻게 의식이 세계 안에서 빠져 나오는지를 보여주는 것이 문제일 때, 우리는 표현의 완벽한 투명함에 도달한다고 더 이상 자신할 수 없다. 만약 세계가 '역사들' 안에서만 표현될 수 있도록, 손가락으로 가리킨 대로 만들어져 있다면, 철학적 표현은 문학적 표현과 동일한 모호함들을 받아들인다.[67]

나는 랑시에르가, 내가 이 "감각적인 것의 변증법"에 대해 한 것처럼 말하자면, 이런 철학적 중개(메를로퐁티의 의미에서의 현상학적, 게다가 조르주 바타유가 재해석한 모스의 의미에서의 인류학적 관점의 중개)를 받

67 M. Merleau-Ponty, ≪Le roman de la métaphysique≫ (1945), *Sens et non-sens*, Paris, Editions Nagel, 1948 (rééd. Paris, Gallimard, 1996), p. 35-37.[「소설과 형이상학」, 『의미와 무의미』, 권혁민 옮김, 서광사, 1990]

아들일 것인지 알지 못한다. 그러나 그의 최근 저서인 『아이스테시스Aisthesis』에서까지 랑시에르가 묘사적인 만큼이나 문제시되는 특징적인 **접근** 행위에 따라 "장면들scènes" — 제각각 독특한 "역사들"이거나 "손가락으로 가리킨" 대상들이다 — 을 통해 자주 일을 처리하는 것은 분명하다.[68] 만약 이 책의 마지막 장이 제임스 에이지[69]와 1930년대 앨라배마의 비참한 상황에 대한 그의 뛰어난 조사에 할애돼 있다면[70], 그것은 물론 여기에서 주장된 철학적 입장이 감각적 현상들에 접근하도록 돼 있는(문헌학자나 역사가가 자료 앞에서 그것을 할 수 있을 것이듯이, 민속학자가 의례적 행위 앞에서 그것을 할 수 있을 것이듯이), 또한 그것들의 세력선이나 대립선을 파악하도록 돼 있는(변증법적 철학자가 어떤 상황 앞에서 그것을 할 수 있을 것이듯이) 문학적 입장과 분리불가능하기 때문이다.

이 문학적 입장은 이제 긴 역사를 갖는다. 발터 벤야민과 에른스트 블로흐는 1930년대에 다른 누구보다 그것의 정치적일 뿐만 아니라 시적인 사정거리를 더 잘 이해할 줄 알았다. 즉, 루이 아라공Louis Aragon의 『파리의 농부Le Paysan de Paris』와 앙드레 브르통André Breton의 『나자

---

68 J. Rancière, *Aisthesis. Scènes du régime esthétique de l'art*, Paris, Editions Galilée, 2011.

69 [옮긴이] 제임스 에이지(James Agee, 1909~1955)는 미국의 시인 겸 소설가이다. 워커 에반스와 함께 앨리배마 주의 가난한 소작농들을 주제로 한 『이제 유명인들을 칭찬하자』라는 르포르타주를 펴냈다. 이 책은 처음에는 크게 주목받지 못했지만 훗날 그 시대의 고전으로 평가받았다.

70 *Ibid.*, p. 287-307. 또한, J. Agee et W. Evans, *Louons maintenant les grands hommes. Alabama : trois familles de métayers en 1936* (1941), trad. J. Queval, Paris, Plon, 1972 (éd. 2002) 참조.

Nadja』에서 알프레드 되블린Alfred Döblin의 『베를린 알렉산더 광장』까지, 브레히트의 몽타주들에서 모홀리 나기Moholy-Nagy의 시나리오적 글쓰기까지, 블레즈 상드라르,[71] 일리야 에렌부르크[72] 또는 블라디미르 마야코프스키Vladimir Maïakovski — 나는 예를 들어 1925~1929 사이의 뛰어난 "르포르타주-시"에 대해 생각한다[73] — 이래로, 바로 이 모든 문학적 거장들이 19세기의 낭만적 글쓰기 너머에서 **다큐멘터리 몽타주**의 원리를 채택하고자 했었다. 우리는 그 원리를 그보다 후에 제발트W. G. Sebald, 찰스 레즈니코프Charles Reznikoff 또는 더 최근에는 장 크리스토프 바이이Jean-Christophe Bailly의 작품들에서 재발견한다.[74]

그런데 이 다큐멘터리 몽타주 — 또는 재몽타주remontage — 의 원리

---

71 [옮긴이] 블레즈 상드라르(Blaise Cendrars, 1887~1961)는 스위스에서 태어나 프랑스에 귀화한 시인이자 소설가이다. 세계 여러 나라를 여행하면서 겪은 일들과 문화와 풍물 등을 다양한 글로 썼다. 1961년 당시 문화부 장관인 앙드레 말로로부터 파리 시 문학대상을 받았다.

72 [옮긴이] 일리야 에렌부르크(Ilya Ehrenburg, 1890~1967)는 러시아 태생의 유대계 작가이다. 1908년에서 1908년에 파리로 망명해 1917년까지 파리에서 생활하면서 서구적 작품에 영향을 받았다. 1935년 이후에는 스페인과 프랑스에서 해외 주재기자로 활동했다. 1920년대 말부터 1930년대에 걸쳐서는 대공황 시대의 각 자본주의의 르포르타주를 썼다.

73 다음을 참조. V. Maiakovski, *L'Universel Reportage* (1913-1929), trad. H. Deluy, Tours, Farrago, 2001.

74 다음의 글들, 특히 C. Reznikoff, *Témoignage. Les Etats-Unis (1885-1915), récitatif* (1965), trad. M. Cholodenko, Paris, P.O.L, 2012를 참조. W. G. Sebald, *Austerlitz* (2001), trad. P. Charbonneau, Arles, Actes Sud, 2002.[『아우스터리츠』, 안미현 옮김, 을유문화사, 2009] J.-C. Bailly, *Le Dépaysement. Voyages en France*, Paris, Le Seuil, 2011. M. Pic, ≪Du montage de temoignages dans la littérature: *Holocauste* de Charles Reznikoff≫, *Critique*, n° 736, 2008, p. 878-888. *Id*., ≪Elégies documentaires≫, *Europe*, 근간 참조.

는 영화 이전에 사진의 특정한 사용에 의해 깊이 각인된 문화적 역사와 분리불가능하다.[75] 이렇게 **변증법**은 **감각적인 것**과 만난다. 그리고 정치는 시의 시각적인 것을 포함한 새로운 자원들 안에서 구현된다. 예를 들어, 1924년 블레즈 상드라르는 『코닥』이라는 제목의 책을 출간했다. 그 사이에 이 미국 회사가 저작권을 주장했기 때문에 상드라르는 1944년 시 전집을 출간하면서 제목을 단순히 『다큐멘터리들』이라고 바꿨다.[76] 1928년 몽타주의 원리는 『나자』의 몽환적이고 사랑을 담은 여정에 대한 시학 안으로 들어갔다. 『나자』의 텍스트는 자크 앙드레 부아파르[77]와 만 레이[78]의 도시 사진들에 의해 구획이 나눠졌다.[79] 또한 부아파르, 엘리 로타르[80] 그리고 다른 여러 사람들의 다큐멘터리 도상

75 다음을 참조. G. Didi-Huberman, *Atlas ou le gai savoir inquiet. L'oeil de l'histoire, 3*, Paris, Les Editions de Minuit, 2011.

76 B. Cendrars, *Kodak (documentaire)*, Paris, Stock, 1924. *Id., Poésies complètes*, Paris, Denoël, 1944, p. 151-189 (≪Documentaires≫). D. Grojnowski, *Photographie et langage. Fictions, illustrations, informations, visions, théories*, Paris, Librairie Jose Corti, 2002, p. 45-66 참조.

77 [옮긴이] 자크 앙드레 부아파르(Jacques-André Boiffard, 1902~1961)는 프랑스의 사진작가이자 의사이다. 앙드레 브르통을 만난 후 초현실주의에 매진한다. 만 레이의 조수로 일했으며, 브르통의 초현실주의 소설 『나자』에 삽입되는 사진 이미지를 맡았으나 얼마 후 브르통과 결별한다. 이후 바타유와 친분을 갖고 《도큐망》에도 관여한다.

78 [옮긴이] 만 레이(Man Ray, 1890~1976)는 미국의 사진작가이다. 다다이즘 운동을 추진했지만 1924년쯤부터는 초현실주의 운동에 참가했다.

79 A. Breton, *Nadja* (1928), *OEuvres complètes, I*, éd. M. Bonnet, Paris, Gallimard, 1988, p. 643-753.[『나자』, 오생근 옮김, 민음사, 2008]

80 [옮긴이] 엘리 로타르(Eli Lotar, 1905~1969)는 프랑스에서 태어난 루마니아의 사진작가이다. 로타르는 바타유의 청에 따라 빌레트의 도살장을 사진으로 찍고, 바타유는 이 사진들을 통해 희

『나자』의 1928년 갈리마르판 표지와 1964년판 표지.

『나자』에 삽입된 부아파르의 파리 사진.

iconographie은 조르주 바타유가 1929~1930년에 《도큐망》이라는 잡지에서 시도했던 이론적 데몽타주démonatge를 삽화로서 장식한 것이 아니라 그 이론적 작업을 지탱하고 불러일으켰다.[81] 같은 시기에 제르맹 크룰[82]의 **감각적** 이미지들이 파리의 거리들에 대한 발터 벤야민의 **변증법적** 생각에 대해 다시 주의를 환기시켰다(또 다른 위대한 변증법론자인 테오도르 아도르노의 문서들에서 이 이미지들의 일부가 재발견된다).[83] 1933년에 일리야 에렌부르크가 모스크바에서 『나의 파리』를 출간했을 때, 그는 우선 엘 리시츠키El Lissitzky — 그 책의 디자이너이기도 했다 — 에게 정면을 바라보는 라이카와 함께 자신의 옆모습을 사진 찍게 했다.[84] 그것은 곧 클로즈업으로 촬영된 라이카가 어쩌면 파리의 다양한 인민들을 보여주는

생제의에 관한 논의를 펼친다.

81 G. Didi-Huberman, *La Ressemblance informe, ou le gai savoir visuel selon Georges Bataille*, Paris, Macula, 1995 참조.

82 [옮긴이] 제르맹 크룰(Germaine Krull, 1897~1985)은 폴란드 출생의 사진작가이자 정치활동가이다. 20세기의 아방가르드와 모더니즘에 공헌한 여성 작가로 손꼽히며, 1928년 사진집 『메탈』로 널리 이름을 알렸다. 1920년대 중반 파리의 아케이드는 벤야민과 크룰의 관심사가 교차하는 지점이었던 듯하다. 담배를 들고 생각에 잠긴 벤야민의 사진(1926년작)이나 파리 거리의 파사주를 찍은 일련의 사진들(1928년작)로 두 사람의 교류를 확인할 수 있다.

83 U. Marx, G. Schwarz, M. Schwarz et E. Wizisla, *Walter Benjamin : archives. Images, textes et signes* (2006), trad. P. Ivernel, dir. F. Perrier, Paris, Klincksieck, 2011, p. 272-293 참조.

84 [옮긴이] 에렌부르크는 자신이 사진을 찍는 동안 대상이 되는 사람들이 알아채지 못하게 하려고 카메라를 개조해 뷰파인더를 카메라의 왼쪽 모서리로 옮겼다. 그래서 『나의 파리』에 실린 사진에는 카메라를 들고 뷰파인더를 들여다보는 에렌부르크의 옆모습과 화면의 정면을 향한 카메라 렌즈가 담겨 있다.

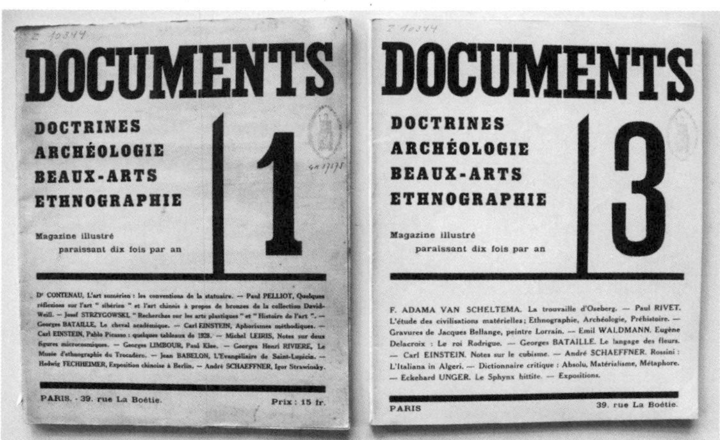

바타유가 만든 잡지 《도큐망》.

《도큐망》 제4호에 실린 에이젠슈타인 영화의 몽타주 이미지.

경탄할 만한 일련의 이미지들로 구성된 이 책의 주요 저자일 것이라고 말하는 방식이었다.[85] 그리고 마지막으로 — 더 길어질 수 있을 이 목록을 중단시키기 위해 — 어떻게 베르톨트 브레히트의 『작업일지』나 『전쟁의 ABC』를 그것들의 사진 몽타주들 없이 이해할 수 있을 것이며, 제임스 에이지의 조사를 워커 에반스[86]의 냉혹한 이미지들 없이 이해할 수 있겠는가?[87]

실제로 냉혹한 이미지들이다.[88] 그렇다고 "무감각한insensible" 이미지들은 아니다. 그러기는커녕, 그것들은 우리를 무감각하게 내버려두지 않는다. 분명히 아무도 실업, 기아, 죽음이 곳곳에서 맴도는 이 비참함의 이미지들 안에서 울지 않는다. 한 부인은 울지 않아야 하기 때문에 아랫입술을 이로 거의 물고 있는 것처럼 보인다. 얼이 빠져 놀 수도 없이 땅에 웅크린 아이는 허공을 바라본다. 그것을 잘 바라보면, 다른 아기가 그의 어머니 팔에 안겨 울지 않는가? 또한 이 이미지들에는 모

85 I. Ehrenbourg, [*Mon Paris*], Moscou, Izogiz, 1933 (rééd. anastatique, Paris, Editions 7L, 2005).

86 [옮긴이] 워커 에반스(Walker Evans, 1903~1975)는 미국의 사진작가이다. 강한 사회의식이 담긴 작품들을 남겨 다큐멘터리 사진의 새 분야를 개척한 것으로 인정받는다. 사진작가로는 에드워드 웨스턴에 이어 두 번째로 구겐하임상을 받았다. 제임스 에반스와 함께 『이제 유명인들을 칭찬하자』를 펴냈다.

87 O. Lugon, *Le Style documentaire. D'August Sander a Walker Evans, 1920-1945*, Paris, Macula, 2001 (ed. 2011)과 G. Didi-Huberman, *Quand les images prennent position. L'oeil de l'histoire, 1*, Paris, Les Editions de Minuit, 2009 참조.

88 J. Agee et W. Evans, *Louons maintenant les grands hommes*, op. cit. (쪽수가 쓰여 있지 않은 사진첩).

든 가능한 완전 방치와 동시에 모든 존엄이 사진과 맺어진 관계 안에 머무르고 있다. 아우구스트 잔더[89]의 사진처럼 어떤 것도 몰래 촬영된 것이 아니다. 모든 것이 공유된 **배려**와 시간을 두고 형성된 상호 존중의 결과물이다. 그리고 이렇게 워커 에반스는 대공황 시기의 미국 인민들의 상황 안에서 근본적인 — 단지 겉모습뿐만 아니라 — 어떤 것에 대해, 제임스 에이지가 제공했던 이야기와 분리 불가능한 어떤 것에 대해 우리가 "감각할 수 있게 만들었다".

그렇다면 이런 맥락에서 **감각할 수 있게 만드는** 행위는 무엇을 의미하는가? 그것은, 플라톤주의나 합리주의의 편협한 현대적 판본들에도 불구하고, 이해 불가능하게 만든다는 의미가 아니다. 만약 발터 벤야민이 변증법적 이미지라는 개념을 중심으로 — 예를 들어 '변증법적 관념'이나 나아가 '변증법의 관념'이라는 개념들을 기반으로 하지 않는다 — "역사의 가독성"에 대한 그의 모든 접근을 구성했다면, 그것은 바로 역사적이고 인류학적인 명료함이 이미지들, 겉모습들, 환영들, 행위들, 시선들 등, 우리가 **감각적 사건들**이라고 부를 수 있을 것의 변증법 없이는 가능하지 않기 때문이다. 이 사건들이 담고 있는 **가독성의 힘**에 대한 경우, 사물들이나 현재 상태들의 측면들뿐만 아니라 그것들의 '감각

89 [옮긴이] 아우구스트 잔더(August Sander, 1876~1964)는 독일의 사진가이다. 사회주의 예술론의 영향을 받았으며, 다양한 인물들의 사진을 찍어 독일사회를 포괄적으로 그려냈다. 20세기 초의 가장 중요한 독일 초상사진가로 꼽힌다.

제임스 에반스와 함께한 르포르타주 『이제 유명인들을 칭찬하자』(1941)에 실린 워커 에반스의 사진((1936년작).

적 지점들' — 지나치게 작동하는 곳, 경우에 따라 잘못되는 곳, 기억들, 욕망들, 갈등들의 변증법적 펼침 안에서 모든 것이 나눠지는 곳을 가리키기 위해 우리가 아주 잘 사용하듯이 — 까지도 일어나게 만들고 접근가능하게 만드는 이미지들의 효력 자체 안에 그 힘이 들어 있기 때문에만 효과적이다.

감각할 수 있게 만들기는 따라서 이 **증후의 변증법**을 접근 가능한 것으로 만드는 것이기도 하다. 이 변증법의 역사는 대부분의 경우 허가받은 관찰자들이 모르는 사이에 완전히 횡단된다(내가 보기에, 예를 들어 제임스 에이지와 워커 에반스는 우리 눈앞에 그 시대의 경제학자들이나 역사가들이 아마도 그렇게 정확히는 보지 못했던 경제공황의 일부 측면들을 제시했다). 이것은 모리스 블랑쇼Maurice Blanchot가 "특수한 정치적 결정들을 할 준비가 된 사회 세력들의 집합으로서가 아니라 자신의 (…) **무능력의 선언** 안에 있는 (…) 인민의 현전"[90]을 상기시켰을 때 말했던 것을 이해하는 방식일 수 있을 것이다. 그래서 "감각할 수 있게 만들기"는 엄밀히 말해서 결함들, 장소들, 순간들을 감각할 수 있는 것으로 만드는 것이다. 그 결함들, 장소들, 순간들을 통해 인민들은 자신을 "무능력"이라고 선언하면서 자신들에게 결여된 것과 자신들이 욕망하는 것을 동시에 확언한다. 워커 에반스의 (건조하지만 매우 감동적인) 이미지들과 제임스 에이지의 (문학적이지만 매우 시적인) 묘사들은 이렇듯 자신들을 사라지

---

90 M. Blanchot, *La Communauté inavouable*, Paris, Les Editions de Minuit, 1983, p. 54.[『밝힐 수 없는 공동체, 마주한 공동체』, 박준상 옮김, 문학과지성사, 2005, 53쪽 참고]

도록 하는 역사적이고 정치적인 상황에 사로잡힌 인민들의 **감각할 수 있게 만들기**와 **무권력의 선언**[91]처럼 나타난다.

감각할 수 있게 만들기는 따라서 감각을 통해 접근 가능하게 만드는 것일 것이다. 그리고 우리의 지능과 마찬가지로 우리의 감각도 "의미를 가진 것"으로 항상 지각하지는 못하는 것을 접근 가능한 것으로 만드는 것일 것이다. 즉, 의미 안의 결함, 지표나 증후로만 나타나는 어떤 것이다. 그러나 제3의 의미에서 '감각할 수 있게 만들기'는 또한 우리 자신도 이 결함들이나 증후들 앞에서 갑자기 인민들의 삶의 어떤 것 — 역사의 어떤 것 — 에, 지금까지 우리에게서 벗어나 있었지만 우리를 직접 '바라보는' 어떤 것에 '감각적'이 된다는 것을 의미한다. 따라서 우리는 인민들의 역사 안의 새로운 어떤 것에 '감각할 수 있게 되거나' 민감해지고, 결과적으로 그것에 대해 알고 이해하고 동반하고자 한다. 우리의 감각, 그리고 역사적 세계에 대한 우리의 의미적 생산물들도 이 '감각할 수 있게 만들기'에 의해 **감동받는다**émus. 즉, 감정에 들어간다와 생각의 운동에 들어간다라는 이중의 의미에서 감동받는다.

인민들의 '무권력의 선언' — 제임스 에이지의 텍스트와 워커 에반스의 이미지들의 몽타주 안에서 우리에게 감각할 수 있게 된 그대로의 — 앞에서 우

91　나는 여기에서 모리스 블랑쇼의 이 표현을 **힘**(puissance)과 **권력**(pouvoir)을 구별하기 위해 변형시킨다. 이 구별은 내가 보기에 필요해 보인다(이 구별은 특히 질 들뢰즈가 니체에 대해 언급할 때 나타난다). 따라서 "무권력의 선언"은 **선언의 힘**이 없는 것이 아니라고 할 수 있다.

리는 따라서 **변증법적 감정들**의 세계에 사로잡힌다. 마치 역사의 가독성에게는 우리를 변증법적 이미지들 앞에서 사로잡는 이 특수한 정서적 배열 — 그 자신을 나누는 파토스와 함께한 표현, 그 자신을 전복시키는 감각적인 것과 함께하는 지적인 것 — 이 필요한 것처럼 말이다.

인민과 제3의 인민

사드리 키아리

사드리 키아리 Sadri Khiari

1958년 튀니스에서 태어났다. 공산주의자 활동가 집안에서 아버지의 영향을 받았으며, 1970년대 말 이후 튀니지의 인권운동가로 활동했다. 튀니지인들의 기본권을 위한 국민회의(CNLT)의 창립 성원 중 한 사람이며, 2003년부터 프랑스에서 망명 생활을 하고 있다. 지은 책으로 Le délitement de la cité(2003), Pour une politique de la racaille: Immigré-e-s, indigènes et jeunes de banlieue(2006), La contre-révolution coloniale en France de de Gaulle à Sarkozy(2009) Malcolm X. Stratège de la dignité noire(2013) 등이 있다.

당신은 이번 주 토요일에 할 일이 아무것도 없는가? 그렇다면 생드니 — 지하철 13호선이나 RER C선 — 에 한번 다녀오라. 거기서 행인들에게 물어보라. 흑인이나 아랍계 프랑스인을 찾아 그에게 이렇게 질문하라. "당신은 어떤 인민에 속합니까?" 만약 그가 당신에게 "나는 프랑스 인민에 속합니다"라고 대답한다면, 당신은 그가 아첨꾼이라는 것을 알게 될 것이다. 만약 그가 진지하게 대답한다면, 그는 이렇게 말할 것이다. "나는 흑인 — 또는 아랍인, 베르베르인, 말리인, 모로코인, 이슬람인, 세네갈인, 알제리인, 아프리카인… — 인민에 속합니다." 그다음에는 소위 토박이 프랑스인을 찾아 그에게 똑같은 질문을 하라. 그는 "나는 백인 혹은 유럽인 혹은 기독교인 인민에 속합니다"라고 대답하지 않을 것이다. 그는 "나는 프랑스 인민에 속합니다"라고 대답할 것이다. 이런 구별짓기들은, 예를 들어 두 프랑스인 중 한 명은 됭케르크 출신이고 다른 한 명은 마르세유 출신이라는 것을 자랑스럽게 생각하는 것처럼, 단지 각자가 자신에게 소중한 동일시들 가운데 하나를 규정하는 것이 문제라면 그리 큰 영향은 없을 것이다. 그러나 어떤 인민이라고 주장하는 것은 그 이상이다. 그것은 사회에서 자신이 속하는 집단을 수립하고 국가, 혹은 더 정확히는 국민국가l'Etat-nation에 대한 자신의 특권적 관계를 확언하는 것이다. 동일한 프랑스 주민의 중요한 두 집단 — 하나는 국가에 의해 인정받고 국가 안에서 스스로를 식별하는 다수자이고, 다른 하나는 국가에 의해 인정받지 못하고 국가 안에서 스스로를 식별하지 않는 소수자 — 이 상반된 답변을 한다는 것은 둘 모두에게 큰 전략적 문제를 제기한다.

인민은 무엇에 맞서 구성되는가

"인민은 무엇인가?"라는 질문에 대해 당연히 "인민은 무엇에 맞서 구성되는가?"라는 다른 질문으로 대답해야 한다. 대부분의 경우, 우리는 인민에게 내재적인 특징들이 무엇인지, 개인들에게 동일한 인민에 속한다는 의식을 만들어주는 '물질적' 요소들, 이야기들 또는 신화들이 무엇인지 자문한다. 우리는 국민nation에 대해서도 — 그르게 — 그렇게 행동한다. 그런데 인민을 구성한다고 잘 알려진 이 요소들은 또렷하고 일관되고 분할할 수 없는 전체로서 모이거나 굳어지거나 생각되지 않는다. 이 모든 요소들은 집단적 동원의 잠재적 힘으로 변형되지 않는다. 그리고 인민에게 잠재적으로 적대적인, 인민의 **외부**가 그려지는 순간부터만 정치적으로 의미를 만든다. 달리 말해, 어떤 면에서 인민의 하부구조를 구성하는 요소들이 우연적이지도 임의적이지도 않다면, 그것들은 인민을 구성하는 데 그 자체로 충분하지 않다. 이 요소들은 단지 인민 실체의 등장에 대한 가능성의 조건만을 구성한다. 인민 실체가 실제로 결정화되려면, 봉건 귀족이든, 옆의 인민이든, 압제하는 인민이든, 또는 해롭다고 간주되는 일부 인민이든, 적대적 외부가 존재해야 한다. 인민은 역학 관계이며, 역사이고, 역학 관계의 역사이다. 바로 역사를 통해서 인민의 개념은 보편적 차원에서 강제됐다. 그것은 식민적, 그리고 자본주의적 근대성이다. 이렇게 말하는 것은 두 가지 것을 확언하는 것이다. 한편으로, 인민 개념은 지구적 차원의 사회관계들 전체를 식민화한 정치적 형태를 표명하는 것을 허용한다. 다른 한편으로, 그 개념은 자신이 동원된 특수한 맥락들을 반영하는 수많은 의미들을 갖고 있다.

인민 개념이 전개되고 특수한 의미들을 갖는 의미의 세계는 일반적으로 세 개의 다른 개념들 — 국민, 시민권/주권,[1] 하위주체들subalternes이라 불리는 계급들 — 사이의 결코 동일하지 않은 접합 위에서 만들어진다. 우리가 이 개념들 사이의 접합 형태들의 다양성으로부터 얻을 수 있는 것은 바로 그것들의 유연성plasticité, 서로에 대한 침투성, 하나가 다른 하나로 변형되거나 심지어 뒤섞이는 능력이다. 이 세 용어들 각각은 다른 것에 의해 흡수되거나 완전히 사라질 수 있다. 나는 국민 해방운동이나 소위 국민 전쟁이라는 상황을 이것의 극단적 사례로 들 것이

---

1 내가 보기에 미국 민주주의에서 시민권은 특히 개인화된 반면, 프랑스 공화국에서 그것은 더 집단적이고 인민 주권과 동일시되는 것 같다.

다. 그런 상황에서 시민권은 인민 주권과 완전히 뒤섞이고 인민 주권은 다시 국민 주권 안에 섞여든다. 이 경우에, 계급 간의 '국민 연합'은 적어도 국민연합이란 재현 안에서 주민의 모든 구성요소들을 분리 불가능한 국민-인민 안에 동화시킨다. 반대 추론에 따르면, 계급투쟁의 심화나 혁명적 상황은 인민을 하위주체 계층들에 동화시키려는 경향이 있다. 이런 상황에서 국민 주권은 인민 주권 안에서 특정한 의도를 갖고 용해된다. 우리는 또한 계급투쟁 형태들을 다소간 포함하는 해방운동들의 사례를 제시할 수 있다. 국민-인민은 따라서 주민의 하위주체 부류들에 동일시된다. 반면에 지배계급들은 국민-인민의 외부에 있는 낯선 자에 동류시된다. 이 묘사를 완성하기 위해 우리는 다음과 같은 경우들을 상기시킬 수 있다. 즉, 인민은 특히 문화적 영역에서 일정한 자율적 권력들에 집착하면서 스스로 고유한 국가를 가지려 갈망하지(또는 포기하지) 않는다(이와 관련해 우리는 유럽 국가들 안의 수많은 '소수 인민들'을 상기시킬 수 있다)는 점에서, 인민은 국민과 동일한 기반을 스스로에게 주면서 스스로를 국민보다 '덜한 것'으로 규정한다.

인민 개념은 따라서 사회경제적 질서 안의 특수한 위치들에 연결될 수 있다. 그러나 그 위치들은 인민 개념에 의미를 제공하는 데 전혀 충분하지 않다. 인민 개념 한복판에는 정치적 권력들과 권세의 분배가 있다. 다시 말해 국가의 근대 질서 안의 지위에 따른 구별들을 분배하는 것이 있다. 그래서 인민 개념은 우선 정치적 개념인 것처럼 보인다. 그것은 따라서 필연적으로 전략적 차원을 갖는다. 권력은 항상 인민의,

실재이든 가정이든, 적이나 경쟁자에 맞서 정복하거나 보존해야 하는 것이다.

인종과 함께하는, 인종에 맞서는 인민

그렇지만 인민에 이렇게 접근하는 방식은 이미 언급된 세 개의 개념들에 네 번째 개념을 추가하지 않는다면 불완전한 것이 될 것이다. 이 네 번째 개념이 없다면 프랑스의 권력 관계들에 대한 이해는 균형을 잃게 된다. 나는 인종에 대해 말하고자 한다. 나는 실제로 근대적 의미에서의 인민 개념은 식민화에 의한 인종들의 사회적 생산과의 밀접한 관계 안에서 구성됐다고 단언한다. 근대성의 역사에서 어떤 인민들은 스스로를 **명시적으로** 인종적이라고 단언했다. 아주 최근까지도 그렇다(인종 분리주의자의 미국, 히틀러의 독일, 남아프리카공화국 등). 그렇지만 인민 개념의 인종적 차원은 일반적으로 지배적 부르주아의 보편주의와 평등주의에 의해 가려졌다. 인민의 인간주의적, 추상적 개념 안에서 실제로 인종은 문제가 되지 않는다. 즉, 인류는 국민-인민들로 나눠지는 것이지 인종으로 나눠지는 것이 아니다.

경솔한 비난을 피하기 위해 나는 내가 '인종', 또는 더 정확히는 '사회적 인종들'이라는 말을 어떤 의미로 이해하는지를 명확히 밝히고

자 한다. 왜냐하면 인종은 인종화된 인간 집단들 사이에 존재하는 억압에 대한 저항의 관계, 지배의 관계에 다름 아니기 때문이다. 때때로 현상을 더 잘 이해하기 위해서는 단어를 바꾸는 것으로 충분하다. 그래서 나는 '차별'이라는 단어를 철저히 그것의 반대말인 '특권'으로 바꾸기를 제안한다. 몇 년 전부터 프랑스에서는 피부색, 출신 또는 문화에 연결된 차별이 존재한다고 일반적으로 인정되고 있다. 법은 그것들에 맞서 싸운다고 말하고, 많은 공적·사적 기관이 그것들을 평가하고, 그것들의 직접적이고 간접적인 논리들을 이해하고, 치료 메커니즘을 구상하려 시도한다. 사람들은 또한 차별이 사회생활의 거의 모든 영역 — 경제적 관계, 사적 영역뿐만 아니라 공적 영역, 도시 지형, 사법부, 교육, 주거, 문화, 여가, 여러 커뮤니케이션 수단 안에서의 재현, 정치적 참여, 제도 안의 현존 등 — 에 관계된다는 것을 인정한다. 사람들은 마찬가지로 최근 수십 년간 이민 온 마그레브 지역과 아프리카 흑인 출신의 주민들과 '프랑스 해외 영토' 출신의 주민들이 특히 차별의 희생자라는 것을 시인한다. 마지막으로 사람들은 차별이 대대적이며 세대를 넘어 연장된다는 것에 동의한다. 이제 이 차별을 보여주기 위해 구상된 그림이나 어떤 도표를 가져와서 **그 자체로 뒤집어보자**. 예를 들어 우리는 다음과 같은 자료를 갖고 있다. "25세에서 50세 사이의 실업률은 프랑스인 전체에서 20퍼센트이다. 마그레브인, 아프리카인, 해외 영토인 부모들에서 태어난 프랑스 시민들의 경우에는 30퍼센트이다"(여기에서 사용된 수치는 완전히 임의적인 것이고 묘사된 상황은 매우 단순화된 것으로, 단지 내 이야기를 보여주기 위한 것이다). 따라서 그림을 뒤집어보자. 우리는 이제 다음과 같은 것을 얻는다. "25세에서 50세 사이의 실업률은 프랑스인 전체에서 20퍼센트이다. 소위 토박이, 백인, 유럽인, 기독교인 프랑스 부모에서 태어난 프랑스 시민의 경우에는 10퍼센트이다." 이 그림은 더 이상 차별에 대한 그림이 아니라 **특권**에 대한 그림이 될 것이다. 만약 우리가 동일한 방식으로 사회생활의 다른 영역들을 처리한다면, 우리는 인종적 사회가 무엇인지에 대한 명확한 이미지를 갖게 될 것이다. 그것은 공식적으로 또는 비공식적으로 인정된 지위에 의해 규정된 주민의 부류에 부여된 특권들에 의해 특징지어지는 사회이다. 그리고 나는 이 특권이 국가권력에의 접근에도 관계되기 때문에 국가권력은 인종적 체계의 영속을 허용하는 빗장의 역할을 한다고 덧붙일 것이다. 따라서 사회적 인종들이라는 말을 지위가 구별하는 사회적 집단 사이에 있는 권력들의 갈등적 위계의 존재라고 이해해야 한다. 그 지위는, 정해졌든 그렇지 않든, 세계의 유럽적 식민화 운동 안에서 만들어지고 오늘날 현대의 제국적 형태들 안에서 지속되는 피부색이나 문화라는 기준들에 따라 인간 존재들을 정돈한다.

프랑스에서는 아마도 국가적 이데올로기가 프랑스 인민이라는 보편주의적 — 그리고 문명화하는 — 임무를 중심으로 만들어졌기 때문에 인종적 위계들의 은폐가 특히 눈에 띈다. 제국 시대에 공화국의 법들은 시민권을 가진 '진짜' 프랑스인과 식민지의 '원주민' 백성 사이의

프랑스의 불법체류 노동자들의 권리 개선을 요구하는 시위. ©Evan Bench/Flickr.

프랑스의 불법체류자 정책 개선을 요구하는 시위. ©Nelson Minar/Flickr

지위에 따른 구별을 만들었다. 그러나 식민 국가 자체는 프랑스 인민 개념의 인종적 밀도를 숨기고자 했다. 극우 소집단들을 제외하면 우파뿐만 아니라 좌파의 압도적 다수 안에서도 동일한 부인이 유지된다. 만약 내가 "프랑스 인민은 백인 프랑스 인민이다"라고 쓴다면, 나는 실제로 백인 패권주의자들과 동일한 언어를 사용한다고 비난받을 것이다. 나는 그렇지만 다음과 같이 쓰는 것 외에 다른 것을 할 수는 없을 것이다. **프랑스 인민은 백인 프랑스 인민이다!** 그리고 나는 더 정확하게 하기 위해 유럽인과 기독교인 출신이라고 덧붙일 것이다. 백인, 유럽인, 기독교인으로 태어날 기회를 갖지 못한 다른 사람들은 인민에 속하면서 속하지 않는다. 즉, 그들은 **제3의 인민**tiers-peuple이다. 이것은 네오나치 당원이 할 말을 하는 것이 아니라 모든 프랑스인이 어느 정도 명백히 생각하는 것을 말하는 것이다. 이것은 특히 비유럽 이민자 출신인 소수자에 맞선 백인, 유럽인, 기독교인 다수자의 권력 제도들에 대한 관계와 권력 관계들의 현실을 말하는 것이다.

한마디 더하자면, 민주적 시민권을, 일정한 재분배적 사회적 타협과 국민적 탁월함을 중심으로 구상된 프랑스 인민의 구성적 이데올로기와 제도들을 압축하는 '공화국 협정'은 수많은 목적 — 프랑스 내부의 사회적 · 정치적 갈등, 다른 제국적 국가와의 경쟁, 식민적 확장 — 의 십자로 위에 세워졌다. 프랑스 인민, 프랑스 국가, 프랑스 국민은 그것의 생산물들이다. 다시 말해 그것들은 식민화에서 태어난 권력 관계에 의해 만들어졌다. 그런데 오늘날 여러 요인이 이 발판을 어렵게 만든다. 즉, 자유주의적·금융적 세계화, 유럽연합의 제도화, 프랑스 제국주의의 영향력 상실, 식민지 출신 비非백인 주민들의 증가가 그것들이다. 수년 전부터, 우파가 이끌든 사회당이 이끌든, 국가의 인종주의적 정책들을 결정하는 데 상당히 중요한 이유 하나는 이 요인들 — 국가를 좀먹고 국가가 거의 영향을 미칠 수 없는 — 이 낳을 해로운 효과들을 벌충하기 위해 공화국 협정의 인종적 차원을 강화하는 것이다. 공화국의 그리고/또는 '국가 정체성'의 '가치들'이 식민지 이민자 출신의 프랑스인들의 '문화들', 신앙들과 호환 불가능하다는 명목 아래, 밀려드는 이민자들을 통제하고 중단시키며, '프랑스인의' 일자리를 보존하고, 테러리즘이나 범죄에 맞서 싸울 '필요성'이라는 명목 아래 인민 개념은 백인, 유럽인, 기독교인, 소위 '토박이 프랑스인'을 중심으로 좁혀졌다. 달리 말해, 이 정책은 프랑스 인민이라는 기운 빠진 개념을 가장 쉬운 곳에서, 즉 비백인에 맞서 재건설하고자 하는 야심을 가진 것이다. 만약 더 민족주의적인 일부 경향들이 특히 '토박이'를 강조한다면, 더 자유주의적이거나 더 세계주의적인 다른 경향들은 항상 비백인들에 맞서, 유럽 인민이 될 것의 기반인, 유럽 백인의 '정체성'에 준거하는 것을 선호한다.[2]

공화국 협정의 위기에 직면해, 또한 정치적으로 다수 세력의 인종

2 나는 이 가설을 ≪La Contrerévolution coloniale en France. De de Gaulle à Sarkozy≫, *La Fabrique*, Paris, 2009에서 증명하려 했다.

주의적 공격에 직면해 급진 좌파는 자신의 길을 찾는 데 어려움을 겪는다.

급진 좌파의 국가적 변화

아마도 생태주의자들과 극좌의 일부 감성들을 제외하고는, 이제부터 모든 정당들 안에서 특정한 '주권주의의' 담론이 표명된다. 선거의 각축장에 등장하는 주요 세력(보수당인 UMP와 연합 세력들, 사회당과 연합 세력들, 극우 정당인 FN)에게 이 수사는 역설적으로 자유주의적 세계화의 주요 메커니즘을 옹호하는 것과 일치한다. 그렇지만 그것은 선거주의의 민중 선동적 특성으로 요약되지는 않는다. 그것은 더 심오한 기능도 갖는다. 바로 이 경우에 그 기능은 도시 변두리와 이민에 대해 모호함을 보이지 않는 인종차별적 기능이다.

급진 좌파의 조직된 세력들의 다수는 인민 개념과 인민 주권 개념을 중심으로 결성된 민족주의 패러다임의 부흥을 피하지 못한다. 이 경향의 가장 명백한 표현은 분명히 사회당의 분리파이자 공산당의 연합파인 장뤼크 멜랑숑과 좌파 전선을 중심으로 한 '좌파의 좌파'의 재결성이다. 이들은 '인민 주권'이라는 주제를 중심으로 반자유주의적이고 민족주의적 담론을 전개한다. 지난 대통령 선거에서 장뤼크 멜랑숑은 "프랑스 인민 만세"와 "인민은 권력을 원한다"라는 두 개의 표현으로 요약될 수 있는 선거운동 덕분에 11퍼센트의 표를 획득했다. 선거운동 당시에, 그는 이렇게 프랑스 인민이 세계화의 자유주의적 논리와 국제 금융기관, 유럽중앙은행에 의해 빼앗긴 주권을 강조했다. 그는 인민 주권 개념이 국민 주권 개념으로 대체되는 것을 공들여 피했지만, 프랑스 민족주의의 주요 상징(프랑스 국기인 삼색기, 국가인 **마르세유**, 인권과 보편성의 나라라는 프랑스의 신화…)을 전면에 배치하려 노력했다. 게다가 끊임없이 '조국'이라는 개념에 의존했다. 더욱이 그는 프랑스의 국가적 독립을 재확언하고자 하는 의지를 표시했다. 그가 보기에 프랑스의 국가적 독립은 국제적 차원에서 강대국으로서의 역할 회복, 프랑스 경제의 팽창주의적 힘, 프랑스의 거대한 해양 공간과 세계 곳곳에 있는 프랑스의 존재감(식민지!)의 이용, 프랑스어권의 기관들 같은 문화적 영향력을 가진 수단들, 프랑스의 군사력 그리고 미국에 대한 프랑스의 현재 종속을 깨뜨릴 수 있도록 해줄 '떠오르는 강대국들'과의 연합망의 갱신과 상당 부분 뒤섞인다.[3] 장뤼크 멜랑숑은 분명 그가 좌파에 참여한다는 것을 돋보이게 드러내는 일부 사회적 요구들을 자기 것으로 다시 사용했다. 그는 자유주의적 무정부주의에 반대했고, 인민 계급들에게 끔찍한 결과를 가져오는 통제 불가능한 금융 세계화에 반대

3 특히 다음의 글을 볼 것. J.-L. Mélenchon, ≪Une défense souveraine et altermondialiste≫, *Revue Défense nationale*, n°. 749, avril 2012.

"인민에게 활동 무대를!"이라는 슬로건을 내건 멜랑숑의 인터넷 홍보물.

했다. 그는 또한 미국의 팽창주의와 오만을 규탄했다. 그렇지만 그의 계획은 프랑스가 일차적 역할을 할 새로운 국제적 극을 구성하고자 하는 제국주의적-국가적 관점에 들어 있다. 그렇게 되면 프랑스는 잃어버린 영광을 되찾을 수 있을 것이다. 이것은 멜랑숑주의의 좌파 담론에서 드러나는 것처럼 인민 개념의 모호한 성격을 말해주는 것이다. 시민권과 인민 주권은 거기에서 국민 주권과 강하게 연결된다. 국민 주권은 그 자체가 강대국 정책의 조건이자 목적이다. 따라서 인민은 하위주체 계급들의 동의어로서가 아니라 하위주체 계급들이 오래된 공화국 협정의 복권 — 어쨌든 그것이 민주적 권리들의 확장, 사회적 재분배의 메커니즘들 그리고 민족주의를 연결하면서 이상화되는 모습으로 — 을 통해 제국적 공화국과 연대하는 형태로서 나타난다.

이민자 출신과 서민 주거지역 주민들에 대한 멜랑숑의 정책은 여기에서 일관성을 발견한다. 신자유주의에 찬동하는 정치 세력들이 사회적 장치들을 보존할 능력이 없이 옛 공화국 협정의 급진적 차원을 강화하려고 시도하는 데 반해, 멜랑숑의 전략은 그것의 인종적 논리들보다는 그것의 시민적·재분배적·국가적 차원들을 특권화하는 반대 논리를 사용한다. 그래서 비록 그가 자신의 백인 선거권자들을 관리하기 위해 신중함을 포기하지 않는다 해도, 그는 이민자들과 서민 주거지역 거주자들의 민주적이고 사회적 권리들을 옹호하고자 한다. 그리고 이런 점에서 그는 우파와 사회당과는 구별된다. 동시에 그에게 '하나의 나뉠 수 없는 공화국'과 그것의 '원칙들'을 조금이라도 문제 삼는 것은 있을 수 없는 일이다. 그에 따르면 그것들은 인민의 주권과 프랑스의 국가적 모태의 불가피한 기반이다.

따라서 흑인, 아랍인 그리고 이슬람교인 프랑스인에게 멜랑숑은 '하나의 나뉠 수 없는 인민'에, 그것을 구성하는 제도에, 그것의 지배적 문화에, 그것의 '국가적' 역사와 그것의 규범에 동화되는 것만을 제안할 수 있다. 이 사례만을 든다면, 그는 이슬람혐오 개념의 모든 타당성을 부인하고 정교분리를, 다시 말해 백인, 기독교인, 유럽인의 프랑스적 규범에 대해 침략적이고 위협적이라고 판단된 종교의 낙인찍기 도구와 이슬람교인 주민들의 추방 도구를 지지하는 운동을 이어가는 것을 주저하지 않는다. 그런데 이런 동화주의적 절차는 그것이 이슬람교인이나 다른 식민지 이민자 출신 집단들에 맞서 행사되면서 구체적으로 그들을 인민 밖으로 배제하는 것을 의미한다. 달리 말해, 비록 그것이 프랑스 안의 불우한 주민 전체를 재현하려는 야심을 갖는다 해도, 좌파 전선 안의 지배적 의미에서의 인민 개념은 사실 흑인들, 아랍인들, 이슬람교인들의 비시민 지위를 보존하는 데 기여한다. 다시 말해 가장 불우한 사회 계급들의 많은 부분을 정치적 장 밖으로 추방하는 것이다. 이를 잘 보여주는 사례가 있다. 이민자들이 특히 많이 모여 사는 아미엥의 도시 외곽지역에서 최근 발생한 폭동에 대해 좌파 전선의 지도자는 신랄한 발언을 했다. 평범한 교통단속에 의해 촉발된 폭동의 동기는 경찰의 괴롭힘이었다. 서민 거주지역의 주민, 특히 백인이 아닌 사람들은 항상 그 괴롭힘의 희생자이다. 이런 종류의 상황에서 종종 그렇듯이 학교와 자동차 여러 대가 불에 타고 16명의 경찰관이 폭력적인 충돌 과정에서 부상당했다. 장뤼크 멜랑숑은 폭동자들의 분노에 대한 최소한의 이유도 찾으려 하지 않고 그들을 단순히 "멍청이들", "광대들", "자본주의의 종들"이라고 평가했다. "좌파 전선의 2012년 시민 축제"에서 열린 토론회에서 펠릭스 보기오 에완제 에페Félix Boggio Ewanjé-Epée와 스텔라 마글리아니 벨카셈Stella Magliani-Belkacem은 이에 대해 문제를 제기했다. "장뤼크 멜랑숑의 극도로 폭력적이고 명예 실추적인 용어들 뒤에는 무엇이 있는가? 이 욕설들 뒤에 있는 것은 바로 이 청년들이 그가 모으는 '인민'이 아니라는, 그리고 이 폭동이 정당하지 않다는 생각이다. 이것은 이미 이 폭동들이 제기한 요구들에 대해 부인하는 것이다."[4]

'기층에 있는 사람들'을 모으려고 하는 좌파 정책의 관점에서, 동질적이거나 잠재적으로 동질적인 인민에 준거하는 것은 명백히 막다

4 Félix Boggio Ewanjé-Epée et Stella Magliani-Belkacem, ≪Les luttes de l'immigration postcoloniale dans la "révolution citoyenne"≫, http://www.contretemps. eu/fr/interventions/luttes-immigration-postcolonialedans-%C2%ABr%C3 %A9volution-citoyenne%C2%BB. 장뤼크 멜랑숑의 선언은 좌파 전선의 몇몇 활동가들의, 반자본주의 신당에서 나온 정파 중 한 정파 구성원들의 탁월한 반응을 불러일으키기도 했다. Cedric Durand, Razmig Keucheyan, Julien Rivoire, Flavia Verri, ≪Jean-Luc Mélenchon, vous avez tort sur les émeutes d'Amiens-Nord≫, http://www.rue89. com/rue89-politique/2012/08/31/ jean-luc-melenchon-vous-avez-tort-sur-lesemeutes-damiens-nord-2349685.

른 길이다. 이민자 출신 주민에게 동일한 '프랑스 인민' 내부에서 국민적 동화를 하는 것은 일정에 포함된 것이 아닌 반면에, 급진적으로 의미가 함축된, 국민이란 생각이 갖는 호소력은 '토박이' 하위주체 계급들 안에서 극히 강한 힘을 갖는다. 모든 것이 사회-경제적 문제 안에서 해결되고 나쁜 이데올로기 — "공산주의"와 인종주의적 민족주의 — 는 사회적 투쟁들의 역동성 안에서 사라질 것이라고 생각하는 좌파 활동가들처럼 이에 대한 고려를 거부하는 것은 전혀 진지하지 않다. 이런 절차는 많은 노동자와 실업자가 그들의 '객관적 이익'에 반해 투표하도록 만드는 이유들에 걸려 넘어진다. 이 이유들은 존중, 명예, 존엄, 사회적 인정이라는 개념과 관계가 많다.

어떻게 프랑스인이 아니면서 프랑스인이 되는가?

'내부의 피식민자들'의 관점에서 보면, 전략적 어려움은 덜 심각하지 않다. 그 어려움은 이미 인종 분리주의 미국에서 제기됐다. 통합주의 흑인 지도자들에게 말콤 X는 이렇게 반박했다. "하지만 친구여, 자네는 이 나라에서 결코 미국인으로 취급받은 적이 없으면서 어떻게 자신을 미국인으로 간주할 수 있나? (…) 열 사람이 탁자에 앉아 저녁 식사를 하고 있는데 내가 들어와 그들의 탁자에 앉는다고 가정하세. 그들은 먹는데 내 앞에는 빈 접시가 있네. 우리가 모두 같은 탁자에 앉는다는 사실이 우리가 모두 식사를 하는 데 충분한 것인가? 그들이 내가 먹을 음식을 놓아주지 않는 한 나는 식사를 못 하네. 사람들이 식사를 하기 위해서는 같은 탁자에 앉는 것만으로는 충분하지 않다네."[5] 바로 정확히 이것을 2005년 11월의 폭동자들이 텔레비전 카메라 앞에서 자신들의 프랑스 신분증을 찢으면서 자신들의 방식으로 표명한 것이다. 이 은유를 말콤은 수많은 장소에서 반복했다. 우리는 그것을 그가 인종 분리주의적 관점을 옹호하면서 **이슬람의 국가** 대변인으로서 했던 연설들에서 다시 발견한다. 그러나 그는 그 뒤에 인종 분리주의를 포기했을 때도 계속해서 이 은유를 사용했다. 그때부터 약간 모호하게 그는 미국 흑인들을 지칭하기 위해, 흑인과 백인이 동일한 인민, 동일한 국민에 속한다는 것을 의미하기 위해서가 아니라 반대로 흑인들이 백인들과 동일한 인민 주권에 속하면서도 그들 자신을 위해 자율적 권력 형태들을 가져야 할 필요성이 있다는 것을 확언하고 차이를 표시하기 위해 아프리카 미국인이라는 용어를 사용한다. 말콤은 이런 절차가 제기하는 질문들을 해결하지 못하고 죽었다.[6]

동일한 질문들이 프랑스에서 제기된다. 우리가 인종적 소수자일 때, 어떻게 모든 주민에게 공통된 제도적 공간 안에서 자기를 위한 정

---

5 Malcolm X, *Le Pouvoir noir*, Editions La Découverte, p. 208.

6 이 질문들은 나의 최근 논문인 *Malcolm X. Stratège de la dignité noire*, Amsterdam, Paris, 2013에서 다뤄진다.

책을 구상할 수 있는가?[7] 이 전략적 질문은 우리가 다수자인 백인들의 관점이나 신新원주민의 관점에서 본다면 다르게 제기된다는 점에서 더욱 복잡하다. 그것은 탈식민적 과정의 결말로서만 모든 프랑스 주민에게 공통된 대답을 발견할 수 있을 것이다. 그 결말은 오랜 과도기 동안 프랑스의 인민들과 인민 사이의 역동적이고 갈등적인 타협을 내포할 것이다. 이 타협은 다수의 국가적, 문화적 또는 정체성적 준거들을 고려하고 제도화하는 정치 공동체의 재조합에 기반을 둔다.

좌파의 대안적 정책은 비억압적 이민 정책에 만족하거나 인종차별에 맞선 조치들을 취하는 것에 만족할 수 없을 것이다. 제국적 정책들에 프랑스 국가가 참여하는 것과의 단절이 필요한 것처럼, 이 모든 것은 물론 반드시 필요하다. 그러나 그것이 효과가 있으려면 좌파는 또한 그것이 '국가적 정체성'이라는 다른 정책을 피할 수 없을 것이라는 점을 인정해야 할 것이다. 나는 사르코지의 우파가 인종적 정책을 정당화하기 위해 도구화했던 이 용어를 의도적으로 사용한다. 왜냐하면 사실은 그가 그 정책에 대해 했던 답변이 충분하지 않았기 때문이다. 실제로 그것의 목적들을 폭로하거나 그것의 신비화를 고발하는 것으로는 충분하지 않았다. 반대로 탈식민적 관점에서 국가적 질

---

7 다음을 볼 것. S. Khiari, ≪Nous avons besoin d'une stratégie décoloniale≫, in *Races et capitalisme*, coordonné par Félix Boggio Ewanjé-Epée et Stella Magliani-Belkacem, Editions Syllepse, Paris, 2012.

문[8]을 다시 하기 위해, 인민 개념이 다수임을 소개하기 위해, 인민 주권의 갱신된 정의의 한복판에서 경제적이고 사회적인 권력들의 재분배를 문화적이고 상징적인 권력들의 재분배에 연결하기 위해 그것을 붙잡아야 했다. 프랑스에서 모든 문화들이 오늘날 개화될 권리가 있다고 단언하는 것은 지배적 '프랑스 문화'가 하는 대로 이 다른 문화들이 국가에 '침투하지' 않으면, 소수자들에게 그들의 문화들과 세계관들을 발전시키는 데 필요한 권력기구를 보장하는 '자주적 결정'의 법적 형태들이 등장하지 않으면, 전혀 의미가 없다. 오늘날 지역적 소수자들에게 부분적으로 인정된 집단적·문화적 권리들의 원칙은 영토 없는 소수자들에게도 그럴 수 있을 것이다. 게다가 프랑스에서 모든 교파가 동일한 권리들을 갖는다고 주장하는 것은 좌파가 시급히 고발해야 하는 사기이다. 정교분리를 '급진화하기' 위해서가 아니라 종교적 신앙을 적법한 사회적 욕구로 간주하기 위해서이다.

또 다른 큰 질문은 분명히 '프랑스 역사'와 그것의 민족주의적이고 인종주의적 기능에 대한 질문이다. 학교 교재에 소수자들의 역사에 작은 자리를 제공하는 것도, '기억들을 화해시키는 것'(어떻게 식민자와 피식민자의 기억들을 화해시킬 것인가?)도, 역사를 역사가들에게 내버려두

8 나는 이 질문에 대한 성찰을 *Pour une politique de la racaille*, Editions Textuel, Paris, 2006에서 시작했다.

는 것도, 다시 말해 그것을 정치에서 빼내는 것도 문제가 아니다. 바로 프랑스 주민들의 다양한 역사들에게 국가 안에 그리고 사회 안에 있는 그 역사들의 모든 자리를 돌려주는 것이 문제이다.

탈식민화의 지평을 열 수 있을, 역동적 타협이라는 용어로 말해질 수 있을 것을 '정체성'의 영역 안에서 생각해낼 수 있도록 바로 단지 이 몇몇 실마리들이 만들어지고 넓혀지고 정확하게 돼야 한다.

좌파의 경우, 질문은 자신을 쇄신하는 것도, 마침내 불변하는 모태 안에서 더 급진적이 되는 것도 아니다. 질문은 자신 안에서 진정한 문화적 혁명에 착수하는 것이다. 나는 좌파 구성원들 일부의 너그러움을 의심하지 않는다. 그러나 정치에서 너그러움은 간섭과 지배에서 결코 아주 멀리 떨어져 있지 않다. 따라서 좌파는 그 너그러움이 피압제자들과 동일한 인민의 표현이 아니라 무엇보다 백인적 특권의 표현이라는 것을 배워야 하는 것과 마찬가지로, 자신의 고유한 보편성에 대한 환상과 단절해야 할 것이다. 하나이면서 동시에 다수인 인민의 실제적 주권을 확립할 수 있는 계획을 중심으로 백인 인민 계급들과 이민자 출신 인민 계급들 사이의 정치적 동맹을 구상 가능한 것으로 만들고자 한다면, 좌파는 그 백인의 특권에 맞서 싸우는 법을 배워야 한다.

찾을 수 없는 포퓰리즘

자크 랑시에르

자크 랑시에르Jacques Rancière

1940년 알제리 출생. 파리고등사범학교를 졸업하고, 1969년부터 2000년까지 파리8대학교 철학과에서 교수를 지냈으며 현재는 명예교수로 있다. 루이 알튀세르와 함께 『자본론 읽기』의 집필에 참여해 명성을 얻었으나 1974년 알튀세르의 이론을 비판하고 그와 결별했다. 1970년대 초반부터 19세기 노동자들의 문서고를 살피기 시작했고, 1975년에서 1981년까지 잡지《논리적 봉기》의 편집을 맡았으며, 1990년대 중반부터는 미학과 정치의 관계를 사유하는 데 집중하고 있다. 지금까지 30여 권의 책을 저술했는데, 미학과 관련한 대표 저작으로는 『프롤레타리아의 밤』(1981), 『사람들의 고향으로 가는 짧은 여행』(1990), 『무언의 말하기』(1998), 『감성의 분할: 미학과 정치』(2000), 『철학자와 그 빈자들』(2002), 『이미지의 운명』(2003), 『미학 안의 불편함』(2004), 『해방된 관객』(2008), 『지친 사람들에게는 유감이지만…』(2009), 『아이스테시스: 예술의 미학적 체제의 풍경들』(2011), 『평등의 방법』(2012) 등이 있으며, 정치와 관련해서는 『정치적인 것의 가장자리에서』(1990), 『불화』(1995), 『민주주의는 왜 증오의 대상인가』(2005) 등이 있다.

유럽에서는 포퓰리즘의 위협을 고발하는 목소리를 듣지 않는 날이 하루도 없다. 그러나 이 말이 정확하게 무엇을 의미하는지 파악하는 것은 쉽지 않다. 1930년대와 1940년대 라틴아메리카에서, 이 말은 의회주의적 재현 형태를 넘어 인민과 정부의 수장 사이에 직접적 구현 관계를 수립하는 어떤 통치 양식을 지칭하는 데 쓰였다. 브라질의 바르가스[1]와 아르헨티나의 페론[2]을 원형으로 삼는 이러한 통치 양식은 우고 차베스[3]를 통해 '21세기의 사회주의'라는 이름으로 다시 나타났

1 [옮긴이] 제툴리우 바르가스(Getulio Dornelles Vargas, 1883~1954)는 브라질의 정치가이다. 1930년 임시 대통령이 된 후 중앙집권화 정치를 펴며 몇 차례의 반란과 좌익폭동을 진압하며 1934년 정식으로 대통령에 선출되었다. 노동자에 대한 사회보장제도, 최저임금제도, 주 6일 노동 및 1일 8시간 근무제 등의 포퓰리즘적인 정책을 시행했다. 제2차 세계대전 후인 1945년 10월 군부쿠데타로 대통령직에서 물러났으며, 1950년 선거에는 노동당을 이끌고 민족주의를 내세워 재선되었지만 경제정책 실패와 여론 악화, 군부의 사임 압력에 시달리다 1954년 자결했다.

2 [옮긴이] 후안 도밍고 페론(Juan Domingo Perón, 1895~1974)은 아르헨티나의 정치가이다. 군인 출신으로 1943년 군사쿠데타에 참여해 군사정부하에서 노동부 장관을 지냈는데, 노동조건 개선과 임금 인상으로 노동자들에게 큰 인기를 얻었다. 1946년에 대통령에 당선되었으나 독재정치를 펴다 1955년에 군사쿠데타로 국외로 추방되었다. 1973년에 귀국해 다시 대통령이 되었지만 1974년에 심장병으로 급사했다. 페론과 그의 부인 에바 페론이 내세운 경제 · 사회정책은 '페론주의'로 불리며 현대 포퓰리즘의 원조 격으로 종종 언급된다. 페론주의는 외국 자본 배제, 산업 국유화, 복지 확대와 임금 인상을 통한 노동자 수입 증대 등으로 요약할 수 있다.

1951년 페론의 부인 에바 두아르테는 대중적 지지에 힘입어 부통령 후보로 지명되지만, 군부가 지명 철회를 강요해 결국 후보 자리에서 물러난다. 11월 대선에서 페론은 대통령에 당선된다.

다. 그러나 오늘날 유럽에서 포퓰리즘이라는 이름으로 지칭되는 것은 이와 별개의 것이다. 그것은 통치 양식이 아니다. 그것은 반대로 정부의 지배적 실천에 대한 어떤 거부 반응이다. 오늘날 유럽의 통치 엘리트와 그들의 이데올로기가 정의하는 포퓰리스트populiste란 무엇인가? 말의 모든 굴곡 너머로, 지배적 담론은 그것을 본질적인 세 가지 윤곽으로 특징짓는 것처럼 보인다. 첫째, 인민의 대표자와 유력 인사들의 반대편에서 인민에게 직접 호소하는 대화의 스타일. 둘째, 정부와 지배 엘리트들이 공적인 것보다 그들 자신의 이해 관심에 더 신경 쓴다는 확언. 셋째, 외국인에 대한 공포와 거부를 표현하는 정체성의 수사.

그렇지만 확실한 것은 이 세 가지 윤곽을 연결 짓는 그 어떤 필연성도 없다는 점이다. 권력의 원천이자 정치적 담론의 우선적인 대화 상대자인 인민이라 불리는 전체가 실존한다는 것은 우리의 헌법이 확인하는 것이고 과거의 공화주의자, 사회주의자 연설가들이 다른 속셈 없이 발전시켜온 확신이다. 이는 어떤 형태의 인종주의 또는 외국인 혐오증의 감정과도 연결되지 않는다. 우리의 정치가들이 국민의 미래보다 그들의 경력에 더 신경 쓴다는 것, 그리고 우리의 통치자들이 금융가의 이해 관심의 대변자들과 공생한다는 것을 폭로하기 위해 어떤

3 [옮긴이] 우고 차베스(Hugo Rafael Chavez Frias, 1954~2013)는 베네수엘라의 정치가이다. 1999년에 대통령에 당선된 이래 4선에 성공하며 14년간 장기집권하다 2013년 3월 암으로 사망했다. 미국이 주도하는 세계 질서와 신자유주의에 반대하는 정책을 폈다.

선동 정치가가 필요한 것도 아니다. '포퓰리즘적' 일탈을 고발하는 동일한 언론은 그 일탈의 가장 상세한 증거를 날마다 우리에게 보여준다. 베를루스코니나 사르코지같이 포퓰리즘이라고 비난받는 국가와 정부의 수장들은 그들의 편에서 엘리트들이 썩었다는 '포퓰리즘적인' 생각들을 퍼뜨리지 않도록 조심한다. '포퓰리즘'이라는 용어는 규정된 정치 세력을 특징짓는 데는 쓸모가 없다. 반대로 이 용어는 극우파에서 급진 좌파에 이르는 정치 세력들 사이에서 그것이 허락하는 혼합물을 통해 이득을 얻는다. 그 용어는 이데올로기를 지칭하지도, 심지어는 일관적인 정치적 스타일을 지칭하지도 않는다. 그것은 단지 어떤 인민의 이미지를 그려내는 데 쓸모가 있을 뿐이다.

실제로 '인민'이란 존재하지 않는다. 존재하는 것은 다양한, 게다가 적대적인 인민의 형상들, 어떤 집합 양식, 어떤 변별적 특질, 어떤 능력과 무능력을 특권화하면서 구축된 형상들이다. 이를테면 그것은 땅과 핏줄의 공동체를 통해 정의되는 민족적éthnique 인민, 좋은 목자가 돌보는 신자-인민, 어떤 특별한 능력도 없는 이들의 능력을 활용하는 민주주의적 인민, 과두 지배자가 경원하는 무지한 인민 등이다. 포퓰리즘의 개념, 그것은 능력 — 많은 숫자가 갖는 있는 그대로의 힘 — 과 무능력 — 동일한 많은 숫자가 갖는 무지 — 의 위험한 혼합으로 특징지어진 인민을 구성해낸다. 세 번째 윤곽인 인종주의는 이러한 구성에 본질적이다. 언제나 '천사증angelisme'의 혐의를 받는 민주주의자들에게 실제 근원적인 인민이란 무엇인가를 보여주는 것이 문제이다. 그것은 원초적인 거부의 충동에 사로잡힌 무리이다. 그 거부는 두 가지를 동시에 겨누고 있다. 첫째는 그 무리가 정치 동학의 복잡성을 이해하지 못한 채 배신자라고 선언하는 통치자들이고, 둘째는 경제 · 사회적 변화와 인구의 변동을 통해 위협당하는 삶의 틀에 대한 대대로 이어지는 집착으로 인해 그 무리가 두려워하는 외국인들이다. 포퓰리즘의 개념은 통치자들에 적대적인 인민과 '타자' 일반에 적의를 지닌 인민 사이의 종합을 큰 어려움 없이 실행한다. 그래서 이 개념은 파리 코뮌과 노동자 운동의 대두를 두려워했던 이폴리트 텐[4]과 귀스타브 르봉[5]과 같은 사상가들이 19세기에 정교화시킨 인민의 이미지를 다시 무대에 올리는 것이리라. 이 이미지는 선동자의 요란한 말에 동요되고 통제 불가능한 루머와 쉽게 전염되는 공포의 유포를 통해 극단적인 폭력에 이른 무지한 군중의 이미지이다.

카리스마를 갖춘 지도자들에 의해 부추겨진 맹목적인 군중의 이러한 전염성 강한 흥분은 분명 그것이 비난하고자 했던 노동운동의 현실과는 무척 거리가 먼 것이었다. 그러나 그런 흥분은 우리 사회 안에

---

4 [옮긴이] 이폴리트 텐(Hippolyte Taine, 1828~1893)은 프랑스의 역사가이자 철학자이다. 콩트의 실증주의 철학을 문학에 적용했으며, 문학이 인종, 환경, 시대의 세 가지 요인에 의해 결정된다는 유전적, 환경적 결정론을 강조했다. 프로이센-프랑스전쟁, 파리 코뮌을 경험한 후 내셔널리스트의 경향이 강해지기도 했다.

5 [옮긴이] 귀스타브 르봉(Gustave Le Bon, 1841~1931)은 프랑스의 사회심리학자이다. '군중심리'와 '민족진화의 심리법칙'에 관한 연구로 잘 알려졌다.

실제로 '인민'이란 존재하지 않는다. 존재하는 것은 다양한, 게다가 적대적인 인민의 형상들, 어떤 집합 양식, 어떤 변별적 특질, 어떤 능력과 무능력을 특권화하면서 구축된 형상들이다.
그림: 앙리 드 그루, 〈분노에 찬 군중에 둘러싸인 졸라〉(1898).

있는 인종주의의 현실을 묘사하는 데 더는 적합하지 않다. 사람들이 이민자라고 부르는 그리고 특히 '변두리 도시 청년들'이라고 부르는 이들에게 매일 가해지는 비난이 무엇이건 간에, 그것은 집단적인 대중 시위의 형태를 띠지 않는다. 오늘날 프랑스에서 인종주의라는 이름에 어울리는 것은 본질적으로 두 가지의 결합이다. 우선 고용과 주거에서의 차별 형태가 있는데, 이는 무균 상태의 사무실에서, 즉 모든 대중의 압력 외부에서 완벽하게 실행된다. 그 다음은 국가가 행하는 모든 일련의 조치들이다. 자국 영토의 입국을 제한하는 것, 몇 년 동안 프랑스에서 일하고 세금을 내는 사람들에게 신분증 발급을 거부하는 것, 속지주의를 제한하는 것, 이중 처벌, 차도르와 부르카 금지법, 국외 추방 또는 방랑 생활자 야영지 철폐의 의무 비율 등의 조치들. 좌파의 몇몇 위선적 보수주의자들은 '선거'를 이유로 이러한 조치들에 대해 우리의 통치자들이 '포퓰리즘적' 극우파에게 가련하게도 양보하는 것을 보고 기뻐한다. 그러나 그 조치들은 대중 운동의 압력을 통해 취해진 것이 전혀 아니다. 그 조치들은 국가에 적합한 전략, 우리의 국가가 자본의 자유로운 순환과 인구의 순환에 대한 속박 사이에서 보장하려고 노력하는 균형에 적합한 전략에 속한다. 그 조치들은 실제로 노동자와 시민의 권리와 관련하여 인구 구성원의 일부를 불안정하게 하고, 그들의 원래 나라로 언제나 추방당할 수 있는 노동자들과 프랑스인으로 남는 것이 보장되지 않는 프랑스인의 인구 구성원을 이루어내는 데 본질적인 목적이 있다.

이러한 조치들을 뒷받침하는 것은, 권리 축소를 국민적 정체성을 특징짓는 특질에 소속되지 않는다는 명증성을 통해 정당화하는 이데올로기적 캠페인이다. 그러나 이러한 캠페인을 개시한 것은 국민전선의 '포퓰리스트들'이 아니다. 피하기 힘든 논증을 찾아낸 것은 이른바 좌파 지식인들이다. 그 논증은 이러하다. 이 사람들은 사실 프랑스인이 아니다. 왜냐하면 그들은 세속적이지laíque 않기 때문이다. 예전에 국가의 행동 방침을 규정했던 세속성은 그렇게 공동체에 소속되어 있다는 이유로 개인들이 가지고 있거나 가지고 있지 않은 자질이 되었다. 1940년에서 1944년 사이의 독일인들처럼, 우리의 거리를 차지한 기도하는 회교도들에 대한 최근 마린 르펜의 '일탈'은 그런 점에서 교훈적이다. 그 일탈은 실제로 이른바 공화주의적인 문체 속 여기저기에 잔존하는 어떤 논증적 시퀀스(회교도=이슬람주의자=나치)를 구체적인 이미지로 응축시킬 뿐이다. 이른바 '포퓰리즘적인' 극우파는 인민체(인민 집단, corps populaire)의 심연에서 생겨나는 특수한 외국인 혐오의 열정을 표현하지 않는다. 극우파는 국가의 전략과 고상한 지적 캠페인을 통해 자신의 이익을 취하는 부속 세력이다. 우리의 국가는 오늘날 안전을 보장하는 능력 위에 정당성을 구축한다. 그러나 이 정당화는 우리를 위협하는 괴물을 끊임없이 보여줄 의무, 이슬람주의 테러리스트라는 최고의 위협 안에 모든 것을 정점으로 끌어올리기 위해 경제위기와 실업의 위험성을 살얼음이나 포름아미드의 위험성과 뒤섞는 불안정이라는 지속적인 감정을 유지시키는 의무를 그 상관물로 갖는다. 극우파는 내각의 조치들과 이데올로그의 문체가 그려낸 규격화된 초상에 피와 살의 색깔을 입히는 데 만족한다.

그렇게 포퓰리즘에 대한 관례적인 고발에 의해 연출된 '포퓰리스트'나 인민은 그 정의에 대해 정말로 대답하지 않는다. 그러나 그 망령을 내세우는 이들에게 그것은 별반 중요하지 않다. 이민자, 공동체주의 또는 이슬람에 대한 논쟁을 넘어, 그들에게 본질적인 것은 민주주의적 인민의 이념 자체를 위험한 군중의 이미지와 결합시키는 것이다. 그것은 거기서 우리가 우리는 통치하는 자들을 신임해야 한다는 결론, 그리고 그들의 정당성과 공명정대함을 부인하는 것은 전체주의로 나아가는 길이라는 결론을 끌어내는 것이다. 2002년 4월의 반反르펜주의의 가장 불길한 슬로건 중 하나가 말하듯, '파시스트 프랑스보다 부패한 국가가 낫다'는 것이다.[6] 포퓰리즘의 치명적 위험에 대한 오늘날의 대대적인 선전은 우리에게 다른 선택이 없다는 생각을 이론으로 수립하는 것을 겨누고 있다.

---

6 [옮긴이] 장-마리 르펜(Jean-Marie Le Pen, 1928~)은 프랑스 극우파 정당인 국민전선(FN)의 창립자이다. 2002년을 포함해 프랑스 대통령 선거에 다섯 번 출마했다. 2002년 선거에서는 1차 투표에서 좌익의 통합 후보자인 리오넬 조스팽을 누르고 결선 투표에 진출했다. 그리고 많은 프랑스인이 반파시즘 시위를 시작했다. 르펜은 2차 투표에서 자크 시라크에게 패했다.

해제

‘민주주의’를 살리기 위해 민주주의로부터 ‘인민’을 구하기

서용순

아주 간단한 문장으로 이 책에 대해 말해보자. "이 책은 '인민'이라는 정치적 개념에 대한 현재적 사유를 다루고 있다." 뭐라고? 인민? 그 말이 조금은 걸린다. People의 가장 무난하고 일반적인 번역어인 '인민'은 우리에게 아직도 불편한 단어이기 때문이다. 조금은 누그러졌다고는 하나, 한국에서 '인민'이라는 말은 한때 아무도 발설해서는 안 되는 금칙어였다. 북한이 이 용어를 전유하면서, '인민'이라는 말은 '인민군', '인민재판' 등의 무시무시한 말에 그대로 묶여버렸기 때문이다. 대신 한국은 '국민'이라는 말을 사용했다. 사실 이 말은 어쩌면 더 무시무시한 말이다. 일본 제국주의의 공식 용어인 '황국신민'에서 나온 말이 바로 '국민'이기 때문이다. 이런 배경을 차치하더라도, 국민이란 말은 사람들을 국가라는 강한 틀에 매인 것으로 만드는 집단주의적 용어이다. 국가 아래 인민을 두는 이 말은 지배 주체인 국가가 없이는 사람들이 있을 수 없다고 말하는 듯이 보인다. 그래서인지, 과거 1980년대의 운동 세력은 지배층의 용어로 간주되는 '국민'이라는 말을 피하고, 북한이 사용하는 인민이라는 금칙어를 사용하지 않기 위해, 또한 자신들의 계급적 사유를 좀 더 부각시키기 위해, '무산자'에 가까운 어감을 가진 단어인 '민중'이라는 말을 선택하기도 했다. 모두 people을 지칭하고 있는 이 말들을 분석하고 추적하는 일은 무척 흥미롭지만, 여기서는 다루지 않기로 하자. 단지 여기서는 이 '인민'이라는 말 자체가 한국에서는 역사적이고 이데올로기적인 이유로 충분한 논란의 여지를 갖는다는 점만을 언급하자. 그러나 그 문제는 비단 한국만이 가진 문제는 아니다. 나는 지금 번역어의 문제를 지적했지만, 그 번역어의 문제는 또한 그 원어인 people이 가지고 있는 문제이기도 할 것이다. 말할 필요도 없이 20세기 정치의 정당성을 보장하는 근거는 좌파에게도, 우파에게도 이 people이라는 단일한 개념에 있었다. 그러나 오늘날 이 개념은 다시 사유되고 규정되어야 하는 개념이다. 2013년에 프랑스에서 출간된 이 책이 담고 있는 것은 바로 그 인민, 즉 people 개념에 대한 현재적 성찰이다.

'인민'이란 무엇이었는가? 잘 알려진 것처럼 '인민'은 근대 정치의 출발점이다. 거칠게 말하자면, 근대 정치는 피통치자들의 동의와 권리의 양도에 입각한 통치와 법의 정당성에 기초한 정치이고, 바로 그 피통치자 일반을 지칭하는 말이 '인민'이었다. 말할 필요도 없이 19세기 이래로 정치의 정당성을 보장하는 근거는 좌파에게도, 우파에게도 이 '인민'이라는 개념어에 있었다. 모든 국가권력은 단일의지로서의 인민에 그 근거를 둔 것이었고, 그 통일적 인민의 권력 위임을 통해 성립하는 것이었다. 말하자면, 오늘날의 의회 민주주의란 '인민 주권'의 표현으로서 성립한 것이었다. 반면, 자본주의적 의회 민주주의를 단지 부르주아 계급의 위원회일 뿐이라고 선언하면서, 인민의 실질적 권력을 추구했던 것이 이른바 '사회주의'다. 마르크스주의를 기본적인 노선으로 채택하면서 반자본주의의 기치 아래 인민의 자주적 권력을 스스로의 권력 기반으로 간주한 과거의 사회주의 국가들은 '인민 민주주의' 체제를 자처했다. 의회 민주주의와 인민 민주주의의 대립은 모두 '인민'을 그 필수적 조건으로 삼았던 것이다. 이러한 근본적 대립에 더하여 우리는 '인민'이 더욱 강력하고 극단적인 배타성으로 전환되었던 '파시즘'에 주목해야 한다. 파시즘은 인민의 단일성을 민족의 단일성을 통하여 더욱 강화시켜, 극단적이고 배타적인 민족적 국가를 구축하려는 시도였다. '인민'은 '민족의 인민', 강력한 통일성으로 특징져지는 인민으로 강화된다. 이 파시즘은 자유주의적 의회 민주주의와 사회주의적 인민 민주주의 모두에 대립하는 또 다른 국가-정치적 사유였다. 민족, 신화, 영웅 등의 강력한 서사 구조를 통하여 형성되는 파시즘의 주체성은 '인민'을 가장 완강한 실체로 요구하였으며, 실제로 '인민'의 정화와 강화를 중심적인 테마로 삼았다.

이러한 난맥상은 파시즘의 패배와 사회주의 국가의 몰락 이후, 실질적으로 해소된다. 마침내 승리한 자유주의적 의회 민주주의는 '인민 주권'을 사실상 선거를 통한 주권의 위임이라는 소극적인 의미로 한정한다. 이 체제는 자신의 권력 근거를 실제로 형식적이고 명목적인 수준에서만 유지하는 것이다. 선거는 바로 오늘날 대의제 의회 민주주의에 초라한 합법성을 부여하는 요식 행위일 뿐이다. 적극적인 의미의

'인민 주권', 다시 말해 인민의 직접적인 자기-통치는 더 이상 실질적인 의미를 갖지 못할뿐더러, 하다못해 이상적인 정치적 이념을 구성하지도 못한다. '인민의 권력'을 정치에 연루시키는 일은 위험한 범죄적 행위로, 불가능한 것으로서의 유토피아에 지나지 않는 것으로 간주된다. 그렇게, 적극적인 인민의 개념, 모든 사람의 권력을 전제하는 보편적 인민의 개념은 이제 협소하고 무기력한 인민 개념, 선거에 참여하는 유권자로서의 인민으로 축소될 뿐만 아니라, 더 나아가 어떤 한정된 인민, 국민을 지칭하는 형용사를 통해 한정된 인민, 국가가 인정하는 해롭지 않은 인민, 선거에 참여하고, 자본의 생산물을 '자유롭게' 소비하는 무기력한 인민으로 제한된다. 그것이 오늘날 인민의 모습이다. 중요한 것은 과거에 철학적으로 가정되었던 단일한 의지로서의 인민이란 이미 오래전에 사라졌다는 점이다. 우리는 국가가 규정하는 인민('선거용 인민')의 바깥에서 자신의 권력을 요구하고 선언하는 '다른 인민'의 존재를 목격한다. 그것은 국가적 제한에서 배제된 '비실존의 인민', 거리와 광장에서 자신의 존재를 드러내고, 권력 집단과 거대 자본에 대항하는 싸움 속에서 형성되는 '모호한 인민'이다. 우리는 그 인민을 '바깥의 인민'이라고 부를 수 있다.

이 책은 그러한 바깥, 국가의 바깥, 제도의 바깥, 권력의 바깥에서 포착되는 인민에 대한 성찰로 채워져 있다. 단일하고 통일적인 인민을 사유하는 것은 더 이상 불가능하다는 전제 아래, 이 책의 저자들은 어떤 잠재적 인민, 새롭게 등장하는 사회적 다수의 구성으로서의 인민, 인민에서 배제된 인민 바깥의 인민, 인민의 내재적 예외로서의 인민에 대해 말한다. 말하자면 이 책의 저자들은 인민의 현재적 한계와 '또 다른 인민'의 가능성을 성찰한다. 정치의 구성적 부분이자 단일한 전체로 간주되었던 '인민'은 정체되고 무기력한 인민, 제한적인 인민으로 규정되고, 그렇게 제한적으로 파악되는 인민이 필연적으로 발생시키는 '배제된 존재들'의 한가운데서 새로운 인민의 가능성을 가늠하는 것이다.

바디우는 국민 형용사에 의해 한정된 인민의 허구성을 신랄하게 고발한다. 프랑스 인민, 영국 인민과 같이 정체성에 의해 봉인된 인민은 단지 반동적인 정복자들에게만 어울리는 것이거나 국가에 의해 정체성이 부여된 무기력한 전체를 의미할 뿐이다. 그러한 한정이 의미가 있는 경우는 외세의 식민지적 침략에 맞서 해방을 쟁취하고자 하는 정치적 과정에서 형성되는 정체성이 문제가 되는 상황뿐이다. 오늘날 국가에 의해 추인되고 국민 형용사를 통해 봉인된 인민은 단지 선거에서만 의미를 갖는 잘 길들여진 인민, 중간 계급으로서의 인민이라는 것이다.

부르디외의 글은 이미 오래전인 1983년에 쓰여진 것이다. 부르디외는 '인민적(대중적, populaire)'이라는 형용사가 만들어내는 관용구들이 적법한 언어에서 배제된 것의 집합을 형성한다는 사실에 주목하여, 언어의 질서 안에 어떤 분할의 논리가 작동한다는 점을 드러내려 한다. 그는 그러한 분할의 논리가 통속 언어와 거리를 두는 지배 집단과 지배적 언어에 반항하는 피지배 집단의 분리를 함축하고 있음을 보여줌으로써 언어의 발화가 계급적이고 성적인 차원에서 각자의 논리로 분할되고 있음을 강조한다.

버틀러는 실질적인 인민 주권의 실행이 거리로 몰려나와 집회를 통해 '우리'를 만들어내는 '우리, 인민'을 만들어내는 행위를 통해 가능하다고 주장한다. 그러한 '우리, 인민'은 의회 권력을 합법적으로 만드는 힘인 동시에 그것을 중단시킬 수 있는 힘이다. '우리, 인민'의 집회가 인민이 스스로를 대표하는 행위이면서, 인민 자체를 구성하는 자기 지시적 행위인 한에서 그러한 발화('우리는 인민이다')의 실천은 수행적인 실천이라고 버틀러는 말한다. 인민 주권은 오로지 그러한 수행적 실행을 통해서만 선언된다는 것이다.

디디 위베르만은 하나의 인민, 다시 말해 통일성과 전체성으로서의 '인민'은 존재하지 않는다고 선언하면서, 순간적이고 감각적인 이미지들을 통해 다시금 재현되는 '인민들'의 모습을 이야기한다. 진정한 인민의 모습, 여러 '인민들'의 모습은 감각적인 것으로의 재현을 통해서만 그때그때 인식되는 것이다. 그렇게 여러 문학 작품들과 다큐멘터리, 사진들은 이미지를 통하여 인민을 감각할 수 있게 만들었고, '무권력의 선언' 안에 있는 인민들을 보여주었다. 그러한 '감각할 수 있게 만들기'야말로 사람들이 감동하기 시작하고, 사유하기 시작하는 계기가 된다. 미적 · 정치적 사유는 바로 그러한 '감각할 수 있게 만들기'로부터 출발하는 것이다.

키아리는 '인민' 개념이 인민의 적대적 외부를 통해 구성된다는 점에 주목하면서 오늘날 인민을 사유하는 데 있어 '인종'의 개념이 갖는 중요성에 방점을 찍는다. 그에 따르면, 오늘날의 프랑스(그리고 유럽 전체)의 보편주의적 인민이 사회적 인종들이 갖는 위계를 은폐하면서 작동한다고 말한다. 백인, 유럽인, 기독교인으로 태어나지 않는 인민은 인민에 속하면서 속하지 않는 '인민 밖의 인민', '제3의 인민'이다. 이들은 프랑스 사회의 구성, 인민 주권의 구성 가운데 끊임없이 배제된다. 좌파 전선의 대선 후보였던 장뤼크 멜랑숑마저도 프랑스 국가의 역사와 규범, 정교분리의 방패 뒤에 숨어 식민지 이민자 출신 집단을 인민 밖으로 배제한다. 그는 이른바 '좌파 정치'가 여전히 인종적 특권을 해체하지 못하고 있으며, 국가적(국민적) 정체성의 포로로 남아 있다고 말하는 것이다.

랑시에르의 짧은 글은 '포퓰리즘'을 겨누고 있다. 그에게 오늘날 미디어의 사냥감이 되고 있는 포퓰리즘은 이데올로기나 정치적 스타일을 지칭하는 것이 아니라 의회정치를 불신하고 거부하는 적대적 인민의 형상을 그려내기 위한 것이다. 무지한 군중, 맹목적인 군중은 정부에 의해 취해지는 일련의 인종주의적 조치들(차도르 금지, 불법 외국인 노동자의 국외 추방 등)과는 관계가 없다. 지배자들에게 중요한 것은 민주주의적 인민의 이념을 군중의 위험한 이미지와 결합시킴으로써 현재의 의회 민주주의를 정당한 것으로 강변하는 일이다. 그 군중은 우리를 전체주의로 몰고 갈 것이라는 주장을 통해, 무분별한 '인민', 포퓰리즘의 인민은 위험한 것으로 낙인찍힌다는 것이 랑시에르가 보여주려는 것이다.

이 책이 '인민'을 통해 겨누고 있는 것은 '민주주의'라는 모호한 시니피앙이다. 오늘날의 민주주의가 상당히 모호한 정체인 것은 분명하다. 그 민주주의는 언제나 배제를 전제하는 민주주의이고, 권력 분산의 원칙이 압도적인 힘 관계를 통해 무너져버린 민주주의이다. 부르디외의 글을 제외하면, 나머지는 모두 민주주의라는 절대적인 시니피앙에 균열을 내는 사유를 보여주고 있다. 바디우가 주장하는 것처럼 오늘날 민주주의는 모든 이에게 절대적인 정치적 상징이 되었다(알랭 바디우, 「민주주의라는 상징」, 『민주주의는 죽었는가?』, 난장, 2010 참조). 지배적인 의견은 목소리를 높여 설교한다. "민주주의는 모든 정치의 정당성을 보증하는 절대 원칙이다. 모든 것을 비판할 수 있지만, 민주주의를 부정해서는 안 된다. 존중받을 가치가 없는 사나운 하층민은 민주주의의 중심이 결코 아니다." 민주주의의 중심은 어디까지나 양순하고 순종적인 중간 계급, 현재의 민주주의적 과두정과 자본주의의 지배를 떠받치는 무기력한 중간 계급으로 간주되는 것이다. 오늘날의 의회 민주주의에 대한 절대적인 믿음은 (민주주의적) 인민에 대한 신뢰에 언제나 우선해야 한다. 랑시에르가 말하는 것처럼, 오늘날 포퓰리즘에 대해 가해지는 모든 비난은 현재의 체제(자유주의적 의회 민주주의 체제) 이외에 '다른 선택이 없다는 생각'을 강제하는 수단일 뿐이다. 오늘날 '인민'은 국가

권력에 의해 추인된 무기력한 '합법적 인민'이거나, 민주주의적 과두정에서 배제된 위험한 '불법적 인민'인 것이다. 고전적인 의미의 '인민 주권'은 이미 오래전에 의미를 상실했다. 현실 사회주의의 몰락과 더불어 가속화된 자본주의의 전면화는 아래로부터의 주권이라는 민주주의의 대전제를 유명무실한 것으로 만들어버렸다. 오늘의 민주주의는 그야말로 허울뿐인 민주주의이고, 그 허울 아래에는 대자본의 명령에 복종하는 과두적 지배체제만이 발견될 뿐이다. 그것은 한마디로 '인민이 지워진 민주주의'에 다름 아니다. 명목상의 민주주의는 남아 있지만, 그 민주주의를 실행할 주체는 사라진 것이다. 그 주체는 자본과 과두적 지배 집단의 요구 앞에서 지워졌다. 그 지워진 민주주의의 주체를 구하는 것이 오늘의 정치적 사유에게 요구되는 과제일 것이다.

여기에는 난점이 존재한다. 민주주의는 여전히 존재하기 때문이다. 민주주의가 낡은 것으로 간주되거나 비효율적인 것으로 치부되어 폐지되었다면 문제는 오히려 간단하다. 우리는 과거로 돌아가 '민주 대 반민주'의 대립구도 아래 민주주의의 주체를 복원할 수 있다. 그러나 민주주의는 외관상 멀쩡하다. 시끄럽기는 해도 의회는 작동하고 있고, 선거는 차질 없이 진행되고 있다. 제도적인 수준에서 민주주의가 중단되었다는 증거를 찾는 것은 그리 쉽지 않다. 오히려 반대다. 중간 계급을 여론 주도층으로 하는 현재의 의회 민주주의와 선거 제도 아래에서 야당과 여당은 권력을 서로 주거니 받거니 한다. 원칙상 정권은 교체될 수 있고, 실제로 보수 세력과 진보 세력(유럽식으로는 우파와 좌파)

은 차례차례 집권과 실권을 반복하는 쳇바퀴 돌기에 열심이다. 한국에서도 그 사정은 마찬가지다. 우파 정치가 압도적으로 강하기는 하지만, 보수 세력이 집권한 지난 7년 동안 이른바 '진보 세력'이 지방 선거와 재보선에서 부분적으로 승리한 것도 사실이다. 그 허울뿐인 '진보 세력'이 집권할 기회는 선거를 통해 열려 있다. 잘 팔리는 상품이 있는 시장에 언제나 구매자가 있듯이, 적절한 인물과 정책이 있다면 '진보'의 집권은 불가능하지 않다. 물론 아무것도 달라지지 않겠지만 말이다. 한마디로, 의회라는 제도를 중심으로 하는 대의제 민주주의는 아직 건재하다. 지워진 것은 제도로서의 민주주의가 아니라, 바로 행동과 실천, 주체성과 이념의 민주주의다. 그것이 문제다. 인민이 존재하는 장소는 결코 제도가 될 수 없다. 버틀러가 잘 지적하듯, 인민의 권력으로 특징져지는 민주주의란 '우리, 인민'을 만들어내는 행위를 통해서만 가능하다. 결국 인민은 스스로를 구성하는 행동과 실천, 언제나 특수한 사안을 둘러싸고 벌어지는 정치적 행위를 통해 민주주의의 주체가 되는 것이다.

물론 그러한 실천은 오늘날 철저히 봉쇄되고 있다. 때로는 테러리스트라는 이름으로, 때로는 이슬람 근본주의 또는 반反유대주의라는 이름으로, 우리에게는 '종북 좌파'라는 이름으로 말이다. 출구를 찾는 것은 그리 쉽지 않다. 민주주의의 이름으로 민주주의의 주체를 구하는 일은 난망해 보이기까지 한다. 이러한 상황은 우리로 하여금 역설적인 해결책을 모색하게 한다. 바로 현재의 민주주의에 반대하여 민주주의의 주체를 구하는 길이다. '민주주의에 반대하는 인민.' 이는 아주 험난한 정치적 모험이다. 위험 또한 존재한다. 민주주의적 과두정에 대항하여 새로운 정치적 주체성을 창안하는 일은 자칫 강력한 인민을 만들어내는 방향으로 경사할 수도 있다. 어쩌면 가장 손쉬운 방향의 선택이다. 강한 지배 세력을 무너뜨리는 것이 관건이 될 때, 우리는 강한 인민, 강한 지도자의 주위로 단결하는 단일한 인민을 요구하기 쉽다. 그러나 그것은 이미 시도되었고, 실패한 정치적 시도라고 말해야 한다. 그것은 바로 파시즘의 시도였다. 실제로 파시즘은 반反자본주의적인 요소와 반反의회 민주주의의 요소를 상당 부분 포함한다. 강력한 인민의 동원을 자신의 정치적 원동력으로 삼는다는 점에서 파시즘은 민주주의적 과두정과는 다르다. 그 인민을 호출하기 위해 파시즘은 친서민적 조치를 통해 인민의 불만과 불안정성을 해소하는 과제를 떠맡는다. 그러나 이는 어디까지나 인민을 무기력한 것으로 남겨놓는 또 다른 길일 뿐이다. 파시즘과 민주주의가 모두 인민을 수동적 존재로 호출한다는 점에 주목하면, 양자 사이의 차이는 그리 크지 않다.

우리가 현재 민주주의의 위기를 말할 수 있다면, 그것은 민주주의의 약화 또는 후퇴가 아니라, 파시즘으로의 선회 가능성이라는 위기일 것이다. 실제로 지금의 민주주의에 강화되어야 할 것은 아무것도 없다. 그것이 형식적 · 절차적 민주주의일지라도, 우리는 민주주의가 실질적으로 완성되었고, 그 민주주의의 완성 속에 '파시즘적 선회'의 모태가 있음을 인정해야 할 것이다. 민주주의는 더 이상 진전되거나 강화될 수 없다. 의회 민주주의라는 형식은 이미 자신의 반복적 자동성을 갖추었고, 그 자동성 안에서 자신의 합법성을 확보한다. 이러한 민주주의의 완성은 정치의 정체(또는 소멸)를 가져오고, 대의제 민주주의를 마비시키는 역설적인 결과(아무도 책임지지 않는다!)를 초래하게 된다. 이른바 파시즘은 바로 그런 조건 아래에서 출현한다. 그리고 그것은 완전히 합법적인 과정을 통해 이루어질 수도 있다(나치의 집권은 합법적인 과정을 통해 이루어졌다는 사실을 상기하자). 어쩌면 파시즘은 완성에 이르러 한계에 봉착한 의회 민주주의의(민주주의적 과두정) 속에서 출현하는 의회 민주주의의 최후의 선택지일 것이다. 그렇게 '한계-민주주의'*로서의 파시즘은 단일한 인민을 토대로 하여 강력한 통치 체제를 구축한다. 하나의 신화를 통해 단일성을 구축하고, 그것을 통해 집단적 유사類似민주주의가 실행되는 것이다. 그것이 어떤 결과를 불러일으켰는지는 우리 모두가 알고 있다. 그리고 그 역사는 충분히 반복될 수 있다.

이러한 염려가 기우에 불과하다고 말해서는 안 된다. 실제 널리 퍼져 있는 영웅에 대한 향수는 비단 영화 속에서만 재현되는 것이 아니다. 민주화 이후, 사람들은 무엇을 갈망하였는가? 그것은 영웅이었고, 박정희의 부활이었다. 오늘날 많은 사람들은 경제를 부흥시켜 '나'를 잘살게 해줄 영웅을 기다린다. 그 영웅은 정의로운 영웅이라기보다

---

* '한계-민주주의'는 내가 다듬어 내고 있는 개념으로, 민주주의가 갖는 자기 한계의 결과로서의 파시즘을 지칭한다. 나는 머지않아 이 개념에 대해 길게 이야기할 것이다.

는 능력 있는 영웅이다. 이러한 목마름은 성공 신화로 포장된 예외적 인물에 대한 절대적인 지지로 나타났다. 서민 출신의 성공 신화를 쓴 이명박과 아버지의 후광을 입은 박근혜의 연이은 당선, 그리고 지난 대선 정국을 흔들어놓은 이른바 안철수 현상은 모두 그런 영웅에 대한 갈망의 표출이었던 것이다. 그 배후에는 일반화된 정신적 부패가 있다. 사람들을 지배하는 것은 일반화된 자본주의적 욕망이다. 중요한 것은 지속적인 경제적 불안정을 일소하여, '나'를 잘살게 해주는 것이고, 나와 내 가족의 안전, 그리고 사회의 안정을 위해 강력한 치안을 확보하는 일이다. 그것을 위해서는 노동3권과 같은 기본권의 유린쯤은 아랑곳하지 않는다. 이러한 욕망을 위해 민주주의를 정지시키는 것쯤은 받아들일 수 있다. '민주주의가 밥 먹여주나!'라고 말하면서……. 파시즘의 도래는 결코 헛된 기우가 아니다.

그러나 단언컨대, 파시즘은 현재의 민주주의적 과두정을 극복하는 대안이 결코 될 수 없다. 수동적 인민을 필요로 한다는 점 이외에도, 이해관계가 지배하는 정치라는 점에서 그 둘은 그다지 다르지 않다. 오늘날의 주된 대립은 정의와 불의의 대립, 민주와 반민주의 대립이 결코 아니다. 민주주의적 과두정에서의 대립은 이해관계의 대립일 뿐이다. 재벌과 중소자본, 소상공인과 봉급생활자에 이르기까지 정치가 이해관계의 각축장이 된 오늘날, 조정될 수 있는 것은 바로 그 이해관계의 스펙트럼이다. 오늘날 민주주의의 욕망은 물질적 이해관계를 둘러싼 지칠 줄 모르는 욕망인 것이다. 사람들은 그 이해관계를 위해,

다시 말해 물질적 욕망을 위해 일상으로 끊임없이 되돌아가고자 한다. 장사를 하고, 사업에 몰두하고, 스펙을 쌓기 위해서다. 모든 것은 계산되어야 하고, 더 합리적인 선택을 해야 한다. 정의를 위한 싸움이란 그저 공허한 이상에 헛되이 매달리는 바보짓에 다름 아니다. 사람들은 '이념 없는 삶', '생각 없는 삶' 속으로 황급히 도피하는 것이다. 그러한 이해관계의 정치는 민주주의적 과두정과 파시즘을 모두 아우르는 절대적인 정치 원칙으로 남는다.

우리는 민주주의에 맞서 민주주의의 주체를 구하는 역설적 실천의 또 다른 판본을 마련해야 한다. 그것은 물질적 이해관계에서 벗어난 정의正義의 정치, 실제적인 삶의 요구와 공통적인 것의 요구를 만나 하는 적극적인 정의의 정치가 되어야 할 것이다. 물론 그 과정은 험난하다. 그 정치가 이론을 통해 구체적으로 제시될 수 있는 것은 물론 아니다. 그러나 새로운 인민의 구성과 관련하여, 이 작은 책은 우리에게 고민을 위한 많은 영감을 줄 수 있을 것이라 믿는다. 물론 이 책은 유럽의 고민을 보여준다. 우리 자신의 고민은 우리에게 맡겨진 것이기에, 우리의 현재에 대한 고민은 우리에게서 나와야 한다. 그러나 넓게 볼 때, 오늘의 상황은 세계적으로 유사하다. 그 유사성과 차이를 가늠하고, 그 가운데 지혜를 얻기 위해 이 책을 펼치는 것은 유익할 일이 될 것이다.

옮긴이

서용순

1968년 서울에서 태어나 성균관대학교를 졸업하고 2005년 프랑스 파리8대학에서 바디우의 지도로 철학박사학위를 받았다. 경희대, 고려대, 성균관대, 연세대, 이화여대 등에서 강의했고, 현재 영남대학교 인문과학연구소 학술연구교수로 재직 중이다. 알랭 바디우의 『투사를 위한 철학』, 『철학을 위한 선언』, 『베케트에 대하여』(임수현과 공역) 등을 번역했고, 「바디우 철학에서의 존재, 진리, 주체: 『존재와 사건』을 중심으로」, 「예술의 모더니티와 바디우의 비미학적 사유」 등 다수의 논문을 집필했다.

임옥희

경희대학교 후마니타스 칼리지 객원교수이자 번역가이다. 경희대학교 영어영문학과와 동대학원을 졸업했고, 1997년 여성문화이론연구소를 세운 이래 정신분석학을 통한 페미니즘 연구를 해왔다. 저술한 책으로 『주디스 버틀러 읽기』, 『채식주의자 뱀파이어』, 『타자로서의 서구』 등이 있고, 옮긴 책으로 『무성애를 말하다』, 『생각의 함정』, 『인 아메리카』, 『사육과 육식』, 『블라인드 스팟』, 『너무 많이 알았던 히치콕』, 『여자의 뇌, 여자의 발견』, 『티핑 포인트』, 『보이는 어둠』, 『치유의 글쓰기』, 『여성과 광기』 등이 있다.

주형일

서울대학교 언론정보학과를 졸업하고 프랑스 파리5대학에서 박사학위를 받았으며 2013년 현재 영남대학교 언론정보학과에서 영상과 대중문화에 대한 연구와 교육을 하고 있다. 『이미지를 어떻게 볼 것인가?』, 『사진: 매체의 윤리학, 기호의 미학』, 『영상매체와 사회』, 『내가 아는 영상기호분석』, 『랑시에르의 무지한 스승 읽기』 등의 책을 썼고, 『문화의 세계화』, 『소리 없는 프로파간다』, 『중간예술』, 『일상생활의 혁명』, 『미학 안의 불편함』, 『더러운 전쟁』 등의 책을 번역했다.

인민이란 무엇인가

한국어판 © 서용순 · 임옥희 · 주형일 2014

첫 번째 찍은 날 2014년 11월 1일
세 번째 찍은 날 2024년 4월 1일

지은이 알랭 바디우, 피에르 부르디외, 주디스 버틀러, 조르주 디디 위베르만, 사드리 키아리, 자크 랑시에르
옮긴이 서용순 · 임옥희 · 주형일

펴낸이 김수기
펴낸곳 현실문화연구

등록번호 제2015-000091호
등록일자 1999년 4월 23일
주소 서울시 은평구 불광로 128, 302호
전화 02-393-1125
팩스 02-393-1128
전자우편 hyunsilbook@daum.net
ⓗ blog.naver.com/hyunsilbook ⓕ hyunsilbook ⓧ hyunsilbook

ISBN 978-89-6564-105-6 93100

가격은 뒤표지에 있습니다.

이 도서의 국립중앙도서관 출판시도서목록(CIP)은 서지정보유통지원시스템 홈페이지(http://seoji.nl.go.kr)와 국가자료공동목록시스템(http://www.nl.go.kr/kolisnet)에서 이용하실 수 있습니다.(CIP제어번호: CIP2014029345)